1% 변화가 100% 삶을 바꾼다

1% 변화가 100% 삶을 바꾼다

2006년   5월 17일 초판 1쇄 발행
2011년   1월 27일 초판 7쇄 발행

저자 / 임임택
발행자 / 박흥주
구성 / 김홍석
구성 / 신혜원
교정 / 배규호
발행처 / 도서출판 푸른솔
편집부 / 715-2493
영업부 / 704-2571,2
팩스 / 3273-4649
디자인 / 여백커뮤니케이션
표지사진 / 세은스튜디오 (02-516-6400)
주소 / 서울시 마포구 도화동 251-1 근신빌딩 별관 302호
등록번호 / 제 1-825

값 / 9,800원
ISBN 89-86804-78-6

1% 변화가 100% 삶을 바꾼다

임임택 인생노트

푸른솔

"목표는 최고 과정은 최선"

살면서 항상 좋을 수도 없지만, 늘 나쁘지도 않다는 말을 기억합니다. 인생이 뜻대로 되리라는 생각이 교만임을 깨닫습니다.

어쩌면 애써 피해가고자 하는 길로 접어드는 때가 많은 게 우리 삶인지도 모르겠습니다. 예기치 않은 어려움에 직면하기도 하고, 삶의 환경이 최악의 순간들로 바뀌는 때도 있습니다.

참으로 힘들고 버거웠습니다. 스물한 살 젊은 나이에 찾아온 원인을 알 수 없는 희귀질환 '베체트병', 두 눈의 실명, 세계적인 기타맨이 되고자 했던 꿈을 어둠 속에 묻어 버려야 했던 절망의 순간,

그리고 불치병인 베체트 합병증으로 인한 구내염, 피부염 등 죽음의 순간을 맞아야 했던 험한 세월이었습니다.

하지만, 절망을 딛고 일어서는 순간 희망이 기다리고 있었습니다. 그나마 21년이라도 푸른 세상을 볼 수 있었음에 감사합니다.

비록 중도실명의 몸이지만, 소리를 들을 수 있는 건강한 두 귀를 주심이 고맙습니다. 말 할 수 있고, 기타와 피아노를 연주 할 수 있는 열 손가락, 그리고 어디든지 다닐 수 있는 두 다리가 축복임을 고백합니다.

장애가 능력이 된 지금, 실명의 어둠조차 신이 주신 선물임을 깨닫습니다. 최고의 목표를 가지고 최선의 노력을 다해 살려는 제게, 실명은 불편일 수는 있어도 결코 불행은 아닙니다.

누구에게나 시련은 찾아올 수 있습니다. 그러나 1퍼센트 변화가 100퍼센트 삶을 바꿀 수 있음을 믿습니다.

부족하지만, 제 삶의 경험들이 많은 분들께 도전이 되길 바랍니다. 절망과 좌절에 빠져 있는 분들께 다시 일어설 수 있는 계기가 되길 소망합니다.

Contents

극복의 의미

새벽 4시.

20년 이상 어김없이 지키고 있는 기상시간은 굳이 알람에 의존하지 않아도 될 만큼 일상이 되었다.

오늘도 시작되는 하루. 문득 살아있음에 감사한다. 새 날, 새 아침. 일상이 주는 작은 감동은, 내 안의 숨은 게으름을 차단한다.

누가 내일의 일을 알겠는가. 오늘이 내 삶의 마지막 날이 될 수도 있다는 간절하고 겸손한 마음으로 하루를 맞는다. 아직 잠들어 있는 아내의 낮고 고른 숨소리가 내게는 안심이자 평화이다. 건축가의 꿈을 안고 미국 유학 중에 있는 큰아들과, 목사의 길을 걷고 있는 작은아들.

떠올릴수록 안쓰럽고 고마운 가족들을 위한 새벽의 짧은 기도시간 또한 내 삶의 또 다른 존재감이다. 가족을 향한 감사와 사랑으로 충전된 나는 늘 그렇듯 익숙하게 작업실로 향한다. 책상 앞에 앉아 컴퓨터를 켠다.

화면을 읽어주는 스크린 리더의 음성과 함께 프로그램 실행상황이 스피커로 울린다. 마무리 작업 중인 음반작업을 위해 작곡, 편곡한 곡들을 점검하고 다듬는다.

그리고 점자 메모지를 넘기며 스케줄을 살핀다. 자랑스러울 건 없지만, 결코 부끄럽지 않은 내 삶. 열심히 살아온 내 지난날의 고백이 절망 속에서 출구를 찾지 못하는 이들에게 새로운 도전의 계기로 전해지길 소망한다. 기타리스트에서 '기업연수 전문 강사'로 살고 있는 지금, 그 동안 이어온 수천 여 회의 강의는 나 스스로에게 주는 충고이자 채찍이기도 하다.

스물한 살.

남들이 말하는 한창 나이에 두 눈을 실명하고, 그토록 간절했던 세계적인 기타리스트의 꿈도 접어야 했던 절망의 시절, 갑자기 찾아온 중도실명의 위기는 이제 더 이상 아무 일도 할 수 없다는 포기로 이어졌고, 차라리 죽는 게 여러 사람 살리는 길이라는 생각에 자살기도도 여러 차례.

그리고 설상가상으로 얹어진 베체트병* 진단과 함께 구내염, 피부염, 고혈압, 관절염 등의 합병증까지. 잇따른 불행이 나를 주저앉게 했다.

하지만, 그런 내가, 그랬던 내가 감히 행복을 이야기하고자 한다. 절망과 좌절을 내던져 버리라고 말하려 한다.

비록 두 눈은 잃었지만 그나마 내게 주신 건강한 지체가 있고, 삶의 소망과 이루어야 할 꿈이 있기 때문이다.

21년밖에 세상을 보지 못한 것이 아니라, 21년이나 세상을 볼 수 있었음에 감사할 수 있는 내 맘 속 놀라운 변화가 있기 때문이다.

---

*베체트병 : 확실한 원인이 밝혀지지 않은 만성 염증성 질환으로 반복적인 구강 궤양과 함께 외음부 궤양, 포도막염, 피부질환 등이 나타난다. 일부 환자의 경우 관절, 신경, 동맥, 정맥에 염증이 발생하기도 하는 보기 드문 질환이다.

더 이상 잃을 것도 없을 만큼 바닥에 주저앉게 됐을 때, 이제 남은 건 희망이다. 올라서면 되는 것이다. 무엇이 두렵겠는가.

이미 잃을 만큼 잃었다. 이제 내게 일어나는 모든 일들은 얻어지는 것이다. 모두 잃고 나니 비로소 얻어지는 기쁨.

이제 내 이야기를 시작하고자 한다.

그래도 9년의 기억에 감사하며 02

한국전쟁의 비극이 막바지에 이르던 비참했던 시절, 1952년 초
겨울. 나는 부산에서 4남2녀 중 셋째로 태어났다.

당시 우리 집은 경제적으로 부족함이 없는 풍족한 집안이었으며,
아버지는 일본 유학 후 연희전문학교를 졸업하고 자수성가하신 분
이셨다.

동네에서 부잣집으로 소문 날 정도로 남부럽지 않은 가정이었지
만 나보다 여섯 살 위의 형은 어려서부터 몸이 약해 잔병치레가 끊
이지 않았고, 누나 역시 몸이 약해 네 살이 되도록 걷지도 못했다.

그 때문에 어머니께서 나를 임신했을 때, 인심 좋은 동네 사람들

은 부잣집 마님의 임신과 건강을 가족처럼 걱정하고 염려했었고, 태아에게 좋다는 여러 가지 정보와 함께 갖가지 약을 선물했다고 한다.

그 중에는 보약 성분의 주사약도 있었는데, 건강한 아이의 탄생을 소망하던 어머니는 임신 열 달 내내 보약과 주사 맞는 일을 거르지 않았다. 하지만 하루도 빠짐없이 주사를 맞는다는 게 어디 쉬운 일인가.

더구나 주사 바늘에 찔리는 그 짧은 순간은, 당연히 따끔할 것이라는 걸 알면서도 그때마다 깜짝깜짝 놀라지 않을 수 없는 작은 긴장의 연속이었다고 한다. 훗날 어머니는, 나의 시각장애가 그 때의 과다한 약물 때문은 아니었을까, 주사 맞을 때마다 깜짝 놀랐던 당신의 약한 마음 때문은 아니었을까, 자책하기도 하셨다. 그러나 어쨌든 출생 당시 나는 건강하게 태어났고 살이 통통 오른 건강한 사내아이라는 것만으로도 축하와 축복의 날들이 이어졌다.

하지만 기쁨도 잠시, 백일 무렵 평소와 다름없이 젖을 물리던 어머니는 내게 이상한 점을 발견했다고 한다. 아기의 눈동자가 좌우

상하로 심하게 움직이는 불안한 모습. 이상하다.

'왜 이러지? 혹시? 설마? 아냐 괜찮을 거야 별 일 아닐 거야.'

누워 있는 아이를 향해 위로 옆으로 시선을 옮기던 어머니는 본능적으로 느껴지는 불길한 징조를 애써 감추려 했고 괜찮다는 말 한마디를 듣기 위해서 이 병원 저 병원, 유명하다는 병원과 용하다는 의사를 수소문 하고 찾아다니기 시작했다.

하지만 병명조차 알 수 없었고, 심지어 어느 병원에서는 이미 장님이 다 된 아이를 이제야 데리고 왔다는 타박과 함께 문전 박대를 당하기도 했다.

이후로도 가는 곳마다 치료가 불가능하다는 말만 되풀이될 뿐 방법이 없었지만, 어머니는 포기하지 않았다. '임신 중에 약을 많이 먹어서 일까? 주사 때문일까?' 모든 게 당신 탓인 것만 같았던 어머니의 눈에는 눈물이 마를 새 없었고, 제대로 뜰 수조차 없을 정도로 퉁퉁 부은 눈은 벌겋게 덧나다 못해 짓무르기까지 했다.

치료는커녕 진료조차 거부당하는 서러운 하루하루가 반복되던 힘겨운 나날 속에서도 '고칠 수 있습니다' 오직 그 한마디를 듣기 위해 절망 속에서도 희망을 찾아 헤매던 어머니.

　내 아들은 반드시 괜찮아질 거라는 처절하리만큼 강한 믿음으로 전국 각지를 돌아다니던 근거 없는 확신은 모성이기에 가능했다. 아들의 원인을 알 수 없는 질병 앞에서 어머니는 더 이상 부잣집 얌전한 마님이 아니었다.

　누구든 붙들고 혹시 모를 비법을 찾아다녔고 며칠 밤을 지새우고 물 한 모금조차 넘기지 못할 만큼 열이 펄펄 나는 몸살 중에도 아이를 들쳐 업고 병원 가는 일은 계속되었다.

　더 이상 치료방법이 없다는 절망적인 진단이 내려질수록 분명히 치료방법이 있을 거라는 어머니의 믿음은 더욱 간절해졌고 , 모두가 지쳐가는 9년에 이르는 긴 세월동안 어머니와 나의 일상은 오로지 병원 가는 일이 전부였다.

　오전에는 일반 병원, 오후에는 한의원으로 향하는 병원 순례의 시간들로. 하지만 특히 한의원 치료는 여섯 살 어린 나이에 감당하기엔 견딜 수 없을 만큼 벅차고 버거운 고통이었다.

　어린아이의 그 작은 머리에 어른 손가락 크기만한 장대 침이 무려 30대 정도가 꽂히는 무시무시한 치료는 차마 울 수 조차 없는 저항할 수 없는 공포였던 것이다.

그 어린 나이에 얼마나 힘들었으면, 당시 일기에 이렇게 적었던 것으로 기억한다. "나는 오늘도 병원에 가서 고통을 받았다"라고. "오늘도 병원에 가서 침을 맞았다"가 아니라, "오늘도 병원에 가서 고통을 받았다." 만일 당시 내가 고문이라는 단어를 알았다면 일기장에 고통이라는 단어 대신 고문이라고 썼을 것이다.

지금 생각해도 몸서리가 나는 깊은 고통이었고, 죽을 만큼 힘들었다. 하지만 그럼에도 불구하고 내가 매일 반복되는 치료를 계속할 수밖에 없었던 이유는 의사 선생님의 잔인할 만큼 두려운 말씀 때문이었다.

"너 말이야 침을 맞지 않으면 그나마 조금이라도 보이는 엄마 아빠 얼굴을 아예 완전히 볼 수 없게 되는 거야 그래도 좋아? 싫지? 그러니 참고 맞아야 한다 알았지?"

세상에서 가장 두렵고 무서운 말, 그나마 하나도 볼 수 없다!

그 말 한마디에 나는 울음조차 아껴가며 무조건 견딜 수밖에 없었다.

침을 맞지 않으면 까만 세상만 보인다는 말은 내게 절대 거부할 수 없는 가장 큰 위협이었다. 그 시절 전력 사정상 수시로 정전이 되곤 했는데, 예고 없이 갑자기 툭 끊기는 암흑의 시간은 앞을 볼 수 없는 깜깜한 세상에 대한 두려움으로 자리잡은 것이다.

여섯 살 어린 나이에 안경 쓰고 0.4, 그나마 스스로의 시력은 0.1도 채 안 되는 침침한 눈을 가진 아이, 그런데 특히 밥을 먹을 때는 안경이 어찌나 불편하던지 안경을 벗어던지고는 시력이 아닌 눈치로 밥을 먹었다.

늦저녁에 인상을 쓰고 초점을 맞춰가며 희미한 밥상의 음식들을 골라 먹고 있을 때, 아무런 예고 없이 안방 건넌방 옆집 앞집 뒷집 모두 갑자기 깜깜해지는 정전의 상황이 되면, 죽을 것 같은 두려움에 몸을 떨어야 했고, 거의 본능적으로 숟가락을 집어던지고, 소리를 질러가며 옆에 있던 엄마 품으로 파고들곤 했다.

그나마 보이는 희미한 세상이 얼마나 절실한지, 그나마 안 보이는 깜깜한 세상이 얼마나 무섭고 두려운지. 어쩌면 이미 알고 있었을까? 그러나 그토록 오랜 시간 이어진 치료에도, 어머니의 정성에도 불구하고 기적은 일어나지 않았다.

결국 여섯 살 어린 나이에 시력 0.1 이하의 약시 판정이 내려졌고, 약한 시력이나마 유지하기 위해서는 스트레스 없이 마음이 편해야 한다는 의사의 마지막 충고가 있었다.

자식이 맹인이 되는 험한 상황이 되지 않으려면 무조건 스트레스를 받지 않아야 한다는데, 부모된 심정에서 얼마나 살얼음판을 걷는 마음이셨을지 소심하리만큼 늘 조심스러웠던 어머니에겐 또 다른 고민과 고통의 시간이었을 것이다.

지금도 생생한 어머니의 잦은 헛기침과 하늘보기 놀이는 애써 눈물을 삼키고 감정을 누르는 힘겨운 표현이었음을 짐작한다.

"임택아, 하늘 보여? 하늘에 뭐가 있어?"

끊길 듯 이어지는 신음과도 같은 어머니의 목소리가 가슴 찢기는 울음이었음을.

그리고 헛기침 소리와 함께 손바닥으로 온 얼굴을 문지르던 어머니의 떨리는 손놀림은 이미 강을 이루고도 남을 만큼의 숨은 눈물이었던 것이다.

스트레스를 받으면 큰일난다는 의사의 경고는 어머니의 또 다른 근심으로, 그리고 모든 일에 우선되는 꼼꼼한 배려로 이어졌다.

형이나 누나, 동생들을 야단칠 일이 있을 때면 내게 심부름을 시키거나 다른 일을 구실 삼아 밖으로 내보내는 일부터 챙겼다.

행여 놀라거나 스트레스를 받을까 염려하셨던 것이다.

지나고 나면 불행조차 귀한 기억으로 돌려지는 것일까?! 돌이켜보면 내 어린 날의 하루하루는 그나마 불행 중 다행이었고 충분히 행복하고 감사한 시절이었다.

전쟁 직후 모두가 어려운 시절이었으니 웬만큼 아파도 병원에 갈 엄두조차 내지 못하는 게 일반적인 가정의 모습이었는데, 매일, 하루도 빠짐없이 무려 9년의 세월동안 치료를 받을 수 있었고, 6개월에 한 번씩 안경을 바꿀 수 있었던 넉넉한 가정이었다는 것은 그나마 축복이지 않은가.

아무 걱정 없이 치료받을 수 있었던 9년의 시간이 없었다면 아마난 당시 그 무서운 침을 놓던 한의사의 말대로 여섯 살이 채 되기도

전에 시력을 잃었을지도 모른다.

9년의 치료가 고문과도 같은 고통의 시간인 것도 사실이지만, 한편으로는 그 힘든 9년의 기억이 내 평생 가장 감사한 시간이기도 한 것이다.

🍃 그 땐 그랬지

방송에 출연할 때마다 똑같은 질문을 받는다.

"언제 실명하셨습니까?" 그때마다 나는 "21년밖에 세상을 보지 못했습니다" 라는 대답을 했다. 하지만 인격이 변하면 인생이 바뀐다고 했던가?! 고문과도 같았던 어린 날, 9년의 치료가 감사의 시간이었음을 깨달은 순간부터 난 변화되었고 대답부터 확실히 달라졌다.

"21살 때 실명을 했습니다. 하지만 21년 동안이라도 세상을 볼 수 있었음에 감사합니다."

21년밖에 보지 못했다는 부정적인 생각에서 21년씩이나 세상을 볼 수 있었음에 감사하는 긍정적인 생각으로 변한 것이다.

물론 환경을 탓하던 시절도 있었다. 공무원생활을 하시던 아버지는 내가 태어나고 얼마 지나지 않아 선박 사업을 시작했는데, 시기적으로 이렇다 할 산업기반이 없던 1950년대였고 언변과 수완이 좋았던 아버지는 무리 없이 아주 잘 나가는 사업가로 성장했다.

그러나 늘 좋을 수만은 없었다. 부잣집 아들로 부족함 없던 내 어린 시절은 아홉 살 되던 해 어느 날, 마치 꿈처럼 사라지고 말았다. 아버지가 서울에 출장간 사이 밀수범들이 우리 배를 일본 밀항에 사용하고 바다에 가라 앉혀버린 것이다. 차라리 집에 불이 난거라면 땅이라도 남지만, 배가 가라앉으니 남는 것이 아무 것도 없었다. 하루아침에 전 재산을 잃었을 뿐 아니라 정신을 차리고보니 빚더미에 올라앉아 있었다.

아무 잘못 없이 밀수범들의 음모로 큰 피해를 입었지만 아버지에겐 억울함을 호소할 데도, 별다른 대책도 없었다. 급한 대로 아버지는 몸을 피했고, 모든 걸 어머니 혼자 감당해야만 했다.

하루에도 몇 번씩 아버지를 찾아내라는 빚쟁이들의 험한 방문이 계속되었고, 결국 빚쟁이들의 시달림을 견디지 못한 우리 가족은 모든 재산과 집을 포기하고 피신할 수밖에 없었다. 그야말로 야반도주였다. 한밤에 택시를 불러 타고 숨죽여 고향을 떠나올 때, 아무것도 모르는 철없는 어린 자식들은 차타는 기쁨과 설렘에 재잘거리며 웃어대고 있었다.

아무런 연고도 없이 무작정 집을 나서는 어머니의 마음은 어떠했을까? 한밤중 칠흑 같은 어둠만큼이나 절망적이고 막막한 심정의 어머니를 생각하면 지금도 가슴이 내려앉는다. 고향을 떠나 서울에 도착하기 전까지 한 보름 정도 여관 생활을 했던 것으로 기억한다.

철이 없었을까, 너무 철들었을까? 방 한 칸에 온 가족이 숨어 살던 그 며칠 동안에도 난 학교에 갈 수 없다는 게 슬프고 힘들었다.

학교는 언제 가냐고 어머니를 졸라댔다.

"나중에, 나중에 보내줄게, 조금만 참아라."

다독이는 어머니의 마음은 안중에도 없었다. 달랠수록 어머니의 치마꼬리를 붙들고 늘어졌고 혹시 못 들을세라 어머니 귀에 대고 소리치기도 했다.

"학교는 언제가요? 학교는요?" 달래다 지친 안쓰러운 마음이었을 게다. 한 푼이 아쉬운 중에도 어머니는 결국, 돈을 쥐어주셨고 나는 신나게 콧노래를 부르며 수련장을 사러 나갔다.

전 과목의 과정이 문제로 나와 있는 종합 문제지와도 같은 수련장을 사들고는 공부할 수 있다는 기쁨에 어찌나 좋아했던지. 공부가 뭐길래.

피신해 있던 여관생활 중에 고향집 소식을 들을 수 있었다.

우리가 도망치듯 집을 빠져 나온 다음 날, 집달관이 들이닥쳤고, 온 집안에 빨간 딱지가 붙었다는 것이다.

담담하게 포기한 듯 듣고 있던 어머니는 5남매 자식들을 품에 안았다. 좁은 가슴을 향해 동그랗게 머리를 모으고 숨 죽여 있던 우리는 토닥토닥 두드리는 어머니의 작은 손길에서 슬픔을 느꼈는지도 모르겠다. 5남매 중 그 누구도 답답하다고 어머니 품을 빠져 나올 생각을 하지 않았다. 그저 한참동안 어머니의 작은 가슴 안에서 길고 가느다란 숨소리를 가만히 듣고만 있었다.

도망치듯 야반도주한 우리는 서울로 향했다.

낯설기 만한 서울 생활은 싼 곳으로 싼 곳으로 눈을 돌리게 했고 결국, 서울 변두리 공동묘지 언덕에 자리를 잡았다. 언뜻 보기에도 섬뜩한 공동묘지 옆 산동네는, 잠시 피해 있던 여관생활보다 더한 비참한 삶을 예고하고 있었다.

사람 사는 곳이라고는 도저히 생각할 수 없는 공동묘지 옆 허름한 집은 잠시 지나치기에도 서늘한 그런 곳이었다.

옆방의 작은 이야기 소리도 들리는 얇은 합판으로 막은 벽, 쥐가 들끓는 천장, 비만 오면 질척대는 흙 범벅 부엌바닥, 바람 불면 날아갈 듯 대충 눌러진 지붕, 제대로 닫히지도 않은 대문과 방문, 아침마다 전쟁으로 이어지는 어둡고 지저분한 공동 화장실, 겨울이면 허술한 벽 사이로 왕 바람이 자리하는 판자촌.

더구나 공동묘지 언덕에 자리하고 있었기 때문에 여름 날 장맛비라도 내리면 무덤 몇 개씩은 쓸려 내려가기 일쑤였고 연이어 다시 큰비가 내리기라도 하면 시체가 나뒹구는 상상조차 할 수 없었던 무서운 동네였다.

누구에게나 숨겨둔 삶의 무게가 있기 마련이지만, 하루아침에 빈

민가로 내몰린 우리 가족에게는 처지를 비관할 틈도 주지 않는 처절한 현실이 악몽처럼 이어지고 있었다.

한 달에 한 번 정부에서 나눠주는 22킬로그램짜리 밀가루 한 포가 먹을거리의 전부였던 그 시절, 국수나 수제비는 꿈도 꿀 수 없는 사치였다. 특히 음식 귀한 줄 모르고 살던 우리 가족으로서는 견딜 수 없는 고통이었다.

하지만 어쩌겠는가. 밀가루와 물을 2 대 8의 비율로 섞어가며 그나마 하루 세 번 먹을 수 있는 날은 행복이었다. 아무리 아껴 먹어도 20일 정도 지나면 바닥을 드러내는 밀가루 자루가 어찌나 원망스럽던지 배고픔에 엉엉 울고 싶었지만 혹시라도 기운 떨어질까 울지도 못하고 다음 달 배급받을 때까지 주린 배를 움켜쥐고 참아야만 했다.

그 와중에 태어난 막내. 없는 살림에 식구가 하나 더 늘었고 걱정도 두 배로 늘었다. 하지만 없는 사람 심정은 없는 사람이 안다고 했던가.

다닥다닥 붙어살던 이웃들 누구 하나 넉넉지 못했지만, 노동판에서, 공장에서, 그리고 거리에서 힘들게 번 돈으로 하루씩 살아 내면서도 일곱 명의 대식구인 우리에게 입고 먹을 것을 나눠주었다.

모두가 춥고 배고팠지만 서로 위로하며 정 붙이고 살 수 있었던 불행한 시절의 행복한 모습이었다.

환경이 나쁘다고 불평과 원망을 하기보다는 생각을 바꾸면, 불가능한 환경도 가능한 환경으로, 부정적으로 보였던 환경도 긍정적인 환경으로 보일 것이다.

환경을 탓하면 아마추어의 인생이요
환경을 지배하면 프로의 인생이다.

🐛 사라져가는 목표를 위하여 | 04

그나마 다행이었을까?! 비록 다른 아이들처럼 건강한 시력은 타고나지 못했지만, 나는 여섯 살 때 이미 구구단을 외우고 초등학교 입학 이전에 곱셈과 나눗셈을 척척 해내는 아이큐 147의 우수한 두뇌를 지니고 있었다.

변변한 책 한 권 살 수 없던 형편에서 여섯 살 터울의 형이 숙제하는 걸 보면서 나름 공부의 요령을 터득했고 어깨너머로 익힌 학습의 효과는 동네의 다른 아이들보다, 그리고 형들보다도 월등했기에 집안에서 뿐 아니라 동네에서도 소문난 영리한 아이였던 것이다.

비록 공동묘지 근처 산동네 학교였지만 난, 단 한 번도 1등을 빼앗기지 않았다.

약한 시력을 지닌 나 자신에 대한 보상심리였는지도 모른다.

일등은 언제나 나의 몫이었고, 자신감에 차 있었던 나는 당시 최고의 인재들만 간다는 K중학교에 입학하는 꿈을 꾸고 있었다.

그러던 어느 날, 공동묘지 언덕 위의 집으로 이사온 지 3년째 되던 해였다.

5학년 2학기 가을쯤이었는데, 갑자기 눈이 침침해지면서 하늘이 노랗게 보이더니 불과 며칠 만에 오른쪽 눈으로는 아무것도 볼 수 없었다. 여전히 우리는 밀가루 죽으로 끼니를 이어갈 때였고 당연히 병원 가는 일은 엄두도 낼 수 없었다.

제때 치료를 받지 못한 상태에서 영양부족이 누적되면서 우려했던 대로 한쪽 눈의 시력을 완전히 잃게 된 것이다.

아무 대책 없이 아들의 실명을 받아들일 수밖에 없었던 어머니의 심정이 어떠했을까. 치료비가 없어 한쪽 눈을 잃은 아들을 지켜보는 힘없는 아버지의 마음은 얼마나 절망적이었을까.

한쪽 눈이 가려진 듯한, 답답함은 세상을 흔들고 있었다. 걸을 때마다 주춤하게 되고, 순간 균형을 잃으면서 휘청하기도 하고, 불안한 거리조절 능력은 결국 여기저기 쿵쿵 부딪치는 시퍼런 멍으로 자리했다. 하지만 그래도 학교는 가야 했다.

어리고 여린 그 작은 가슴속엔 절대 흔들리지 않는 하나의 목표가 분명 자리하고 있었다. 나는 1등이니까, 학생이니까, 무조건 학교에 가야 한다! 그나마 약하게 살아있는 나머지 한쪽 눈의 시력에 의지해서 학교 갈 준비를 하던 어느 날이었다.

가방을 챙기던 나를 향해 어머니가 소리치셨다.

"너 지금 뭐하니?"

"학교 가려고요."

"안 돼! 그러다 왼쪽 눈마저 못 보게 되면 어쩌려고 그래!"

누적된 영양부족상태에서 계속 공부하다 남은 한쪽 눈마저 실명할까 걱정하신 어머니는 가방을 빼앗아 들고는 나를 방으로 밀어 넣었다.

그래도 나는 학교에 가야만 했다. 학생이니까, 그리고 나는 일등이니까. 내가 학교에 가지 않으면 2등, 3등 하던 친구가 1등 자리를 차지할 텐데, 내가 아니어도 1등을 할 친구가 있다는 생각이 들자 학교에 가지 않고는 견딜 수가 없었다.

'내가 어떻게 한 공부인데 그 자리를 내어 줄 수 있단 말인가.'

중학교 진학에도 입학시험이 있었던 시절, 다른 친구들은 학교 수업이 끝나면 과외공부를 하러 가거나 부잣집 아이들은 가정교사를 두고 공부했었다.

물론 나는 형편상 가정교사는커녕 여럿이 어울려 하는 과외공부 조차 어림없는 꿈이었다. 그래서 혼자 숙제하고 그 날 배운 것을 혼자 복습하고 예습하고 모르는 게 있으면 형이 돌아오길 기다렸다가 형이 귀찮아 할 정도로 하나하나 물어가며 공부했었다.

그렇게 지킨 1등의 자리인데, 난 포기할 수 없었다.

"어머니 그럼 1등은 어떻게 해요? 제가 1등이란 말예요."

나도 모르게 어머니께 소리를 질렀고 고집스런 나의 행동에 더 이상 막을 수도 없었던 어머니는 그대로 주저앉아 펑펑 울기 시작했다. 시간이 얼마나 흘렀을까.

서러움이 강을 이룰 만큼 한참을 울고 난 어머니는 아주 낮은 목소리로 말씀하셨다.

"그럼 너, 학교 보내 줄 테니 이제부터 선생님 설명만 듣고 공부해라. 한쪽 눈마저 잃으면 안 되니까 절대 필기하느라 칠판에 집중하면 안 된다. 알았지?"

가방 안에 들어 있던 노트와 필통을 꺼내고 교과서 몇 권만 가방 안에 넣어 주시던 어머니. 그 날 어머니는, 고집스럽게 학교로 향하는 나를 보며 굵은 눈물만 흘리고 계셨다.

얼른 학교에 가야 한다는 마음에 어머니와 약속은 했지만 1등을 빼앗기지 않으려면 선생님 말씀을 적어야 하는데 공책도 연필도 없으니 답답하기만 했다.

1교시가 시작되고 옆에 앉은 친구에게 연필을 빌려달라고 했지만 작은 몽당연필 두 자루만 갖고 있던 친구는 단호하게 거절했다.

태어나 처음으로 경험한 거절이었다. 그 때 느꼈던 감정은 수치심이었다.

자신감을 잃은 나는 또 다른 친구에게 빌려달라는 말을 하지 못했고, 3교시 체육시간을 기다리기로 마음먹었다.

시력이 약한 나는 체육시간이면 늘 교실을 지켜야 했기에, 그 때 교실바닥을 뒤져 떨어진 연필을 줍기로 결심한 것이다.

하지만 찾을 수 없었다.

학용품이 워낙 귀한 시절인데다 고작 2교시를 지난 뒤라 교실 바닥엔 연필은커녕, 찢어진 종이 한 장도 없었다.

방과 후, 나는 청소 당번이 아니었음에도 청소를 도와주겠다며 다시 교실바닥을 두리번거렸고, 부모님 몰래 필기도구를 마련해야 했던 나로서는 일주일에 몇 번이고 청소 당번을 자청하며 기회를 찾곤 했다. 잘 보이지도 않는 눈으로 어두운 교실바닥을 이리저리 기어 다니며, 드디어 찾아낸 작은 종이 한 장과, 몽당연필의 감동은 지금도 잊을 수 없다.

1등을 향한 내 집념의 결과였던 것이다.

그렇게 6학년이 되었고, 내 사정을 잘 알고 계셨던 선생님은 날씨가 흐린 날이면 나를 위해 칠판에 아주 크게 글씨를 쓰셨고, 때로는 선생님이 직접 적어주기도 하셨다.

언제나 1등을 거머쥔 내가 드디어 중학교 진학을 앞두고 원서를 써야 했던 날. 당시 최고의 인재들만 간다는 K중학교는 평균 95점 이상이어야 지원이 가능했고, 나는 이미 97점을 웃돌고 있었다.

당당하게 합격할 수 있는 점수였던 것이다.

자신 있게 원서를 받아 든 나는, 예기치 않은 상황에 당황하지 않을 수 없었다. 공부보다 아들의 시력을 걱정하셨던 부모님이 진학을 반대했던 것이다.

K중학교로의 진학은, 곧 치열한 경쟁을 의미하는 것이었고, 나의 승부근성과 자존심을 우려한 부모님은 공부하느라 시력을 잃는 것보다는, 그나마 맹인 신세라도 면하는 게 낫다는 판단이셨다.

원서 마감 하루 전날, 공동묘지가 내려다보이는 가파른 판잣집까지 가정방문 오신 선생님이 부모님을 설득하기 시작했다.

"아버님, 임택이는 충분히 갈 실력입니다. K중학 다니는 아들을 둔 아버님도 자랑스럽겠지만 우리 학교의 영광이기도 합니다. 물론 그런 학생을 가르친 제게도 큰 보람이고요. 잘 아시겠지만 K중학은 우리 학교에서 1년에 한 명 보낼까 말까 합니다."

"선생님 말씀은 충분히 알겠습니다. 제가 왜 모르겠습니까. 하지만 그 학교에 입학하면 열심히 공부해야 할 것이고, 그러다 나머지 눈마저 실명하면 우리 임택이는 평생 앞을 못 보게 될지도 모릅니다. 그렇게 되면 선생님이 책임지실 수 있겠습니까?"

"아버님, 그렇다면 시험만이라도 보게 해주시면 안 되겠습니까?" 그러나 아버지는 선생님의 간절한 설득에도 불구하고 끝내 도장을 찍지 않았고 결국 난, 아버지의 반대로 K중학교 학생으로의 꿈은 접을 수밖에 없었다. 그리고 동네 가까운 중학교로 진학하는 것으로 아버지와 나의 타협 아닌 타협이 이루어졌다.

목표가 최고이면, 과정은 최선!
뚜렷한 목표를 가진 사람에게 길은 언제나 열려 있다.
그 길과 과정이 평탄하지 않기 때문에 잘 보이지 않을 뿐, 찾아보면 구부러지고 좁으나마 또 다른 길이 놓여 있음을 보게 된다.
그 길을 찾아 남보다 더 노력하면서 목표를 향해 나아가면 결국 성공할 것이다.

목표가 최고이면 과정은 최선이어야 하며, 아울러 목표가 아름다운 것에 있다면 과정은 선한 방법이어야 한다.

운명을 바꿔 놓은 아저씨의 이삿짐 | 05

내가 공부를 잘한 것이 공부가 재미있거나 좋아해서가 아니라 1등을 지켜야 한다는 목적의식 때문이었다면, 노력하지 않아도 저절로 되는 나의 가장 큰 관심사는 음악이었다.

어려서부터 유난히 노래를 좋아했는데, 특히 초등학교 3학년 때는 외삼촌께서 사 주신 트랜지스터 라디오로 대중가요를 익히기 시작했다.

라디오가 무척 귀했던 시절인지라, 내게 소리 나는 상자가 있다는 사실만으로도 우쭐했을 뿐 아니라 작은 상자에서 나오는 노래 소리가 어찌나 신기하던지 하루 종일 따라 부르곤 했다.

"운다고 옛사랑이 오리오~~마~~는~~~."

이제 갓 열 살을 넘긴 아이가 나름대로 심취해서 노래 부를 때마다 아버지는 걱정하셨고, 동요 대신 유행가만 부르다가 집에서 쫓겨날 뻔한 적도 있다.

이유가 없었다.

노래가, 음악이, 무조건 좋았다.

내 머릿속엔 음악 저장소가 따로 있는지, 한 번 들으면 음정 박자가사까지 모든 노래가 자동 암기되는 놀라운 실력이 발휘되었다.

5학년 어느 날, 내 안에 자리잡은 음악적 재능이 발견되는 소중한 계기가 주어졌다.

우리 반에서 가장 부잣집 아들이었던 친구가 자기 집에서 같이 숙제를 하자고 하는 게 아닌가. 어려운 그 시절에도 친구는 자가용을 타고 다닐 정도였으니 그런 친구 집에 초대받는다는 것만으로도 다른 친구들의 부러움을 사기에 충분했다.

으쓱한 마음에 자랑하듯 친구와 어깨동무하며 집으로 향했고, 현관에 들어서자마자 난 신기한 물건을 보게 되었다.

난생 처음 보게 된 전축! 웬만한 집 장롱 크기만한 커다란 상자가 열리더니 새까맣고 동그란 판이 얹어지면서 웬 막대기 같은 게 하나 닿는가 싶더니, 지지직 소리를 내며 음악이 흘렀다.

뭔지도 모르면서 눈을 감고 두 번 세 번 반복해서 듣던 음악, 그 때 처음 들은 곡이 클리프 리차드(Cliff Richard)의 〈The Young Ones〉였다. 물론 노래도 좋았다.

하지만 내 마음에 쿵쾅 소리를 내며 커다란 감동으로 다가온 것은 전주 부분에 울렸던 일렉트릭 기타 소리였다.

강렬한 느낌의 기타 소리는 이미 내 몸 전체에 스며들었고, 하루종일 환청이 들리는 듯했다. 그 때부터였다.

난 전축이 있는 친구 집에 수시로 드나들며 기타의 매력에 빠져들었고, 방학이면 아예 전축이 있는 큰 외삼촌댁에 가서 살다시피 하며 레코드판에 묻혀 지냈다. 그리고 중학교 입학 후 3일째 되던 날 내 인생을 결정하게 되는 또 하나의 사건이 일어났다.

그 날도 난 희망이 보이지 않는 가난한 산동네 공동묘지 언덕에 자리잡은 좁디좁은 우리 집을 향해 터벅터벅 걷고 있었다.

그런데 처음 보는 아저씨가 손수레에 짐을 잔뜩 싣고 힘들게 언덕을 오르는 게 아닌가.

혼자 감당하기엔 너무도 벅찬 언덕길을 낑낑대며 한 걸음씩 옮기던 아저씨는 나를 발견하자 간절히 도움을 청했고, 나는 고개를 끄덕이며 손수레를 밀기 시작했다.

바로 그 때 내 눈에 들어온 작은 짐 하나!! 전축 속에서 요술과도 같은 소리를 내던, 그야말로 말로만 듣던 기타였다.

"어, 아저씨 이거 기타 맞죠!"

"그럼 기타지, 거기 전축도 있잖아."

"전축이요?"

"그래, 전축 몰라? 저쪽에 있는 게 전축이야."

그랬다. 기타도 있고 전축도 있었다.

"아저씨, 누구네 집으로 이사 가세요?"

"응, 다 왔어. 조금만 더 밀어."

신나게 수레를 밀다 멈춰 선 곳은, 놀랍게도 우리가 세 든 집이었다. 비어있는 옆방으로 누군가 이사 온다고 주인집 아주머니가 말씀하시더니 기타와 전축이 있는 아저씨가 우리 집 바로 옆방으로 이사를 온 것이다. 방음 시설이라고는 전혀 없는 칸막이 정도의 방이었으니 옆방 아저씨의 기타 소리는 바로 옆에서 연주하는 듯 너무도 생생하게 들렸고, 그 때마다 나의 작은 가슴은 설렘과 흥분으로 채워지곤 했다. 너무 좋아 실실 웃고 다닐 정도로.

우리 집 작은 단칸방 그 좁은 공간 중에서도 내 자리는 늘 아저씨 방으로 이어지는 벽 쪽이었다.

그 곳에 앉고 눕고 공부하고 밥을 먹었다.

아저씨가 언제 연주할지 모르기 때문에 늘 벽 가까이에 귀를 대고 있다가 기타 소리가 나면 자동으로 벽에 딱 붙어서 조금이라도 가깝게 들으려고 온 신경을 집중하는 것이다.

처음에는 듣는 것만으로도 충분히 만족하고 행복했다.

하지만 시간이 지날수록 기타를 한 번 만져보고 싶다는 생각이 간절해졌고, 소심한 성격에 몇 번을 망설이다가 용기를 내어 아저씨의 방문 앞에 섰다.

"아저씨, 아저씨, 들어가도 돼요?"

"어 그래, 들어와."

조심스레 방문을 열었을 때, 벽에 기대앉아 기타를 치던 아저씨 모습은 그 어떤 영화배우보다 멋있고 근사했다.

나는 아저씨의 손놀림을 눈여겨보기 시작했고 차츰 자신감이 생겼다. 그리고 내 마음 속에서 누군가 이렇게 얘기하는 것 같았다.

'임택아, 아저씨께 기타를 가르쳐 달라고 해. 네가 누구니? 이삿짐을 밀어준 고마운 사람이잖아. 미안한 거 아니야 괜찮아 가르쳐 달라고 해.'

그렇다. 내가 누군가. 공동묘지 그 험한 언덕길에서 수레를 밀어준 고마운 사람이 아니던가.

"아저씨 저 기타 좀 가르쳐 주실래요?"

아저씨는 나를 한 번 쳐다보시더니 웃으며 말했다.

"야, 아무리 봐도 이 기타가 너보다 더 큰데? 넌 아직 안 돼."

수줍음이 많고 소극적이던 나는 얼굴이 화끈거렸고, 거절당한 창피함에 더 이상 조르지 못하고 돌아설 수밖에 없었다.

하지만 밤이 깊도록 잠이 오지 않았다.

눈앞에 기타가 둥둥 떠다니면서 귀에서는 기타 소리가 계속 울리고 기타를 치던 멋있는 옆방 아저씨 모습만 아른거렸다. 다음 날, 아저씨 방에서 다시 기타 소리가 들리자 나도 모르게 벌떡 일어났다. 그리고 아저씨 방문을 열고 내가 할 수 있는 가장 불쌍하고 애절한 표정을 지어가며 다시 사정하기 시작했다.

"아저씨, 저 기타 좀 가르쳐 주세요."

"야 너, 기타 치는 게 쉬운 게 아니야. 손에 물집도 생기고 심하면 피도 나니까 조금 더 크면 배워라."

아저씨의 대답은 역시 거절이었다.

거기서 포기할 내가 아니었다. '치, 내가 이삿짐도 밀어줬는데.' 오기가 발동한 나는 다음 날 다시 아저씨 방문을 열고는 크고 당당하게 말했다.

그래도 대답은 역시 거절. 다음 날 또 다음 날, 아저씨 방에서 기타 소리가 날 때마다 계속해서 하루도 빠짐없는 나의 부탁에 아저씨도 감동한 것일까? 아니면 어린 녀석의 끈질긴 조르기 작전에 질려버린 걸까? 결국 아저씨는 내게 들어오라며 손짓으로 가르침을 허락했다.

　처음으로 만져보는 기타. 아저씨는 내 작은 손을 잡아 한 줄 한 줄 기타로 옮겨가기 시작했고, 신기하게도 내 손가락이 움직일 때마다 각기 다른 소리가 울리고 있었다.

　참으로 놀라운 경험이었다. 열두 살에 한쪽 눈을 실명하고, 나머지 한쪽 눈마저 시력을 잃게 될까 걱정하던 아버지의 완강한 반대로 K중학교 입학을 포기해야 했던 절망에서 새로운 희망으로 일어서게 하는 거대한 소리였다.

　기타를 처음 손에 쥐던 날, 아저씨는 내게 '도레미파솔라시도'의 기타 포지션을 가르쳐주셨고, 깊은 밤, 우리 방으로 건너온 나는 밤을 지나 새벽이 되고 아침이 밝도록 여섯 개의 기타 줄을 머릿속으로 그려가며 음을 익히고 있었다.

　조바심은 거기서 그치지 않았다. 행여 가르쳐준 것을 잊어버릴까 걱정한 나는 조급한 마음에 종이를 꺼내 들었다. 그리고는 기타 여섯 줄을 그리기 시작했다.

　'여기는 솔 자리, 여기는 미 자리.'

'솔솔미파솔 라라라솔 솔도미 레도레'

그날 나는 〈고향의 봄〉, 〈푸른 하늘 은하수〉 등, 내가 아는 모든 노래의 계명을 그려가며 눈으로 익히고 또 익히고 종이 속 기타 연주로 시간 가는 줄 몰랐다.

퇴근한 아저씨가 언제쯤 기타 연습을 하려나 귀를 쫑긋 세우고 옆방의 기척에 신경을 집중하고 있을 때, 드디어 아저씨 방에서 기타 소리가 들렸고, 기다렸다는 듯 밤새 연습한 종이를 들고 뛰어 들어갔다.

하루 종일 기다린 내 마음을 아는지, 아저씨는 기타를 내게 넘겨주었고, 보란 듯이 밤을 새워 연습한 노래들을 연주했다.

깜짝 놀란 아저씨가 물었다.

"어 ? 누가 가르쳐 줬어?"

"누가 가르쳐 준 거 아녜요. 아저씨가 기타 포지션을 가르쳐 주셨잖아요. 그걸 생각하면서 시험지로 연습했어요."

믿을 수 없다는 듯 나를 가만히 쳐다보던 아저씨의 시선은 내가 들고 간 종이로 향했고, 놀라움에 말을 잇지 못하는 듯했다. 하얀 종이가 아예 까맣게 덮여버린 시험지. 기타 여섯 줄로 채워진 내 연습의 흔적이 무려 스무 장이 넘었기 때문이었다.

다음날 아침, 학교에 가려고 준비할 때였다. 부르는 소리에 나가 보니 아저씨가 기타를 들고 서 있었다.

"임택아, 학교 다녀와서 이 기타로 연습하고 나 퇴근하면 갖다 줘."

불과 이틀 전 만해도 아직 기타를 배우기엔 어리다고 거절하시던 아저씨가 기타를 향한 어린 소년의 열정에 감동하신 것이었다.

그렇게 일주일 정도 시간 날 때마다 연습하며 기타를 배웠다.

그런데 새로운 고민이 생겼다. 아저씨에게는 이제 더 이상 배울 게 없다는 걸 알게 된 것이다. 코드도 모르고 계명대로 찬송가 멜로디만 단음으로 겨우 치던 아저씨의 실력이 드러난 것이다.

'아니, 그 실력 가지고 나를 몇 번씩이나 거절하시다니.'

속으로 웃음이 나기도 했지만 내색을 할 순 없었고, 나름대로 혼자 열심히 연습하면서도 더 이상 기타를 배울 수 없다는 현실이 답답하기만 했다.

언젠가 기타를 잘 칠 수 있는 날이 올 거라는 기대와 소망, 그리고 기타리스트로의 꿈을 향한 새로운 목표가 희망으로 자리하고 있었다. 무섭고 가난한 공동묘지 동네에서 기타를 배울 수 있었다는 것만으로도 기적이었으며 운명적인 만남이었던 것이다.

'언젠가 꼭 기타를 잘 치게 될 거야.'

기타는 내게 꿈이자 희망이었다.

'이루지 못할 꿈은 마음에 자리하지도 않고, 이루지 못할 목표는 세워지지도 않는다.'

삶에 꿈이 없고 목표가 없다는 것은 참으로 불행한 일이다. 삶 속에 꿈이 있고 목표가 있다면 언젠가는 반드시 이루어질 것이라고 나는 굳게 믿는다.

진정한 프로의 인생은 성장을 위해 늘 고민해야 한다.
포기하면 아마추어 인생, 도전하면 프로 인생. 아마추어 인생은 어려운 장애물을 만나면 좌절하고 포기하지만 진정한 프로의 인생은 어떤 환경의 장애물을 만나도 집념으로 포기하지 않고 도전하는 법이다.

시간이 지날수록 기타에 대한 열정은 뜨거웠지만 방법이 없었다.

형편상 레슨은 꿈도 꾸지 못할 일이었다. 하지만 간절하면 이루

어진다고 했던가. 내게 축복과도 같은 작은 기적이 기다리고 있었다.

중학생이 된 후 처음 맞는 여름 방학이었다. 방학 숙제에 늘 등장

하는 일기 쓰기가 내겐 가장 힘든 숙제였다. 방학 내내 외삼촌댁에

서 전축에서 흘러나오는 음악을 들었고, 옆집 아저씨 기타로 하루

종일 기타 치느라 일기 쓰는 일은 언제나 뒷전이었던 것이다.

그러다 방학 마지막 날, 그 시절의 아이들이 그러하듯 나 역시 몰

아 쓰기에 들어갔는데, 문제는 날씨였다. 줄 쳐진 무제노트의 수많

은 가로줄을 채워야 했던 일기장엔 사실 쓸 말이 없었다.

한창 사춘기였던 당시로서는 설령 일기에 쓰고 싶은 사건이 있다 해도 따로 넣어둔 비밀 노트에 기록해 두어야 했다.

숙제 검사라는 이유로 여지없이 공개되는 일기장은 보여주기 위한 가장 형식적인 일기였던 것이다. 그러다 보니 '오늘은 개울가에서 개구리를 잡았다, 어머니가 시키는 대로 닭 모이를 주었다, 오늘은 옥수수를 삶아 먹었는데 맛있었다' 등등 주로 먹고 노는 일이 일기의 전부였다.

지금 생각하면 선생님 입장에서는 한심했을 것이다. 같은 동네 비슷한 수준의 아이들이니 일기인들 무슨 특별한 내용이었겠는가. 그나마 날씨뿐 아니라 일기 내용까지 베끼지 않는 게 다행이었다. 어쨌든 개학은 다가오고, 일기 숙제로 고민하던 나는 우리 반에서 가장 성실한 친구를 찾아가기로 마음먹고는 일기장을 들고 집을 나섰다.

당시 우리 집은 학교를 가나 친구 집을 가나, 대문을 나서는 순간부터는 일단 공동묘지를 지나야 했기에 그 날도 무덤가를 지나 멀리 친구 집으로 향해 있는 산비탈을 내려가고 있었다.

그런데 친구 집 근처에 있는 커다란 나무 아래에 사람들이 모여 있었고 순간 들리는 귀에 익은 소리, 기타연주가 이어지고 있었다.

사람들 틈을 비집고 나무 아래 가장 가까운 곳으로 자리잡은 나는 반가움에 소릴 지를 뻔했다.

얼핏 보기에도 그럴듯한 모습의 듬직한 형이 기타를 치고 있는 게 아닌가! 기타 배울 기회를 애타게 찾던 내게 그 날의 기타 소리는 새로운 희망의 시작이었다.

'와! 기타에서 저런 소리가 날수 있다니!'

내게 기타를 가르쳐주던 옆방 아저씨의 솜씨와는 차원이 다른 솜씨였다. 라디오에서만 듣던 팝송 〈The House Of The Rising Sun:해 뜨는 집〉을 연주하던 형의 모습은 위대하기까지 했다. 기타 여섯 줄을 자유자재로 다루는 현란한 손놀림에 가슴이 뛰기 시작했다.

나는 얼른 박수를 치며 "형"을 외쳤다.

"와, 형! 멋있어요. 형! 최고예요. 박수 박수!" 형의 연주에 박수를 보내고, 동네 사람들의 박수를 유도하는 나의 어설픈 과장된 몸짓이 계속되고 있었다.

예기치 않은 곳에서 소망을 이룬 감동의 표현이었던 것이다.

그리고 한편으로는, 형에게 나를 인식시켜야 한다는 간절함이 느닷없는 돌출행동으로 작용했는지도 모르겠다.

하지만 선뜻 앞에 나서지는 못했다.

마음 같아서는 기타를 가르쳐 달라고 당장 말하고 싶었지만 옆방 아저씨한테 몇 번이나 거절당한 일이 떠올랐고, 만일 여기서도 거부당하면 많은 사람들 앞에서 얼마나 창피할까를 생각하니 주춤할 수밖에 없었다. 그래서 어쩔 수 없이 일단 한 발 물러서기로 했고, 급한 마음에 얼른 물었다.

"형! 집이 어디에요?"

나의 속셈을 아는지 모르는지 형은 자기 집을 쉽게, 아주 자세히 가르쳐 주었는데, 형의 입장에서는 이것이 돌이킬 수 없는 실수였을 것이다.

나는 숙제고 뭐고 오로지 이 기회를 절대 놓쳐서는 안 된다는 생각뿐이었다. 겨우 일주일로 끝나버린 나의 허술했던 첫 번째 기타 레슨. 그 후로 공동묘지 우리 동네에서는 나에게 기타를 가르쳐줄 선생님을 만날 수 없어서 안타까운 마음이었는데, 이것이 내게 온 절대적인 기회가 아니고 무엇인가.

집을 알아놓고 안도하는 마음으로 나는 내심 웃고 있었다.

'형은 이제 나한테 딱 걸렸어!'

집에 돌아오자마자 숙제를 시작했지만, 어느 새 시간은 밤 아홉 시를 지나고 있었고, 문 밖은 이미 검은 벨벳을 깔아놓은 듯 검게 변해 있었다.

'형에게 가야 하는데. 지금 가야 하는데. 빨리 가야 하는데. 하지만 어쩌지? 형에게 가기 위해서는 산을 넘어야 하는데. 그냥 산도 아니고 공동묘지를 넘어야 하는데.'

늦은 밤, 혼자 공동묘지를 넘어야 한다는 사실이 나를 절망에 빠 뜨렸다.

'처녀귀신, 몽달귀신, 달걀귀신, 온갖 귀신들이 나를 덮치면 어쩌지?

밤에 돌아다니면 억울하게 죽은 귀신들이 단체로 나타난다는 이유로 어른들도 해가 지면 집을 나서기 꺼려하는 공동묘지 동네인데, 그 무서운 길을 혼자 넘어야 하는 급한 상황이 어린 나에겐 엄청난 갈등을 불러일으킨 것이다.

입에 침이 바싹 바싹 마르고, 앉았다 일어섰다 야속한 마음에 애꿎은 시계만 흘겨보기도 하고, 도저히 안 되겠다 싶어 큰 맘 먹고 용기 내어 대문까지 나섰지만, '휙' 소리 내며 스치는 바람 소리에 기겁해서 다시 들어오고, 그러다 미련을 버리지 못해 가슴을 쓸어내리며 잠시 숨을 고르고는 다시 방문을 열고 주변을 살피고.

그 짧은 시간동안 내 속에선 전쟁이 일고 있었다.

'갈 것인가 말 것인가 기타를 배울 것인가 포기할 것인가 어떻게 만난 스승인데. 하늘이 준 기회일지도 모르는데. 그래도 무섭잖아. 가라, 안 돼, 괜찮아 얼른 뛰어가면 돼, 안 돼, 그러다 귀신한테 잡혀가. 아니야, 귀신이 어디 있어 얼른 가.'

무서웠지만, 피하고 싶었지만, 기타를 배워야 한다는 한 가지 목표가 드디어 나를 움직였다.

대문을 나서기 전, 신발 끈을 몇 번이고 고쳐 매었다.

단단하게 절대 풀리지 않도록 확인하고 또 확인하고는 집을 나섰다. 그리고 나는 노래하기 시작했다. 앞만 보고, 다른 생각은 안 하고 오로지 노래만 열심히 불렀다. 내가 할 수 있는 가장 큰 소리로 노래를 불렀다. 그런데 아차, 보고야 말았다 어둠 사이로 묘지의 봉분들이 보였다. 마치 나를 향해 벌떡 일어서서 바로 내 옆으로 몰려오는 듯했다.

순간, 소리조차 지를 수 없었다. 마음은 있는 힘을 다해 달리고 있는데 정작 발이 움직이질 않는다. 한동안 꼼짝하지 못하고 그대로 멈춰 서 있었다. 이를 꽉 물고 있는데도 어금니는 자꾸 부딪치고 손가락 하나도 감히 움직일 수 없었다. 눈을 뜰 수조차 없었고 옆구리에 딱 붙어 버린 나의 두 팔은 터질 듯 힘이 들어가 있었다.

그렇게 얼마나 서 있었을까.

바람소리가 귀신 울음소리처럼 들리고 금방이라도 누군가 뒤에서 내 어깨를 잡아 세울 것 같기도 하고, 마치 죽은 듯 서 있던 나는 마음속으로 하나 둘 셋을 외치고는 꽉 감은 두 눈을 힘껏 떴다.

그리고 뛰기 시작했다.

"형아, 형아!"

형을 소리쳐 불러가며 무조건 달렸고 공동묘지를 지나왔다는 안도감에 한숨 돌리는 순간 참았던 눈물이 쏟아지기 시작했다. 왠지 모를 서러움에 훌쩍이며 드디어 형이 살고 있는 집 대문 앞에 도착했을 때, 나는 털썩 주저앉고 말았다.

땀에 푹 젖은 머리카락을 대충 쓸어 올리고, 눈물에 콧물까지 범벅이 된 끈적이는 얼굴을 감싸 안고 또 한 번 울어댔다.

그리고 힘없는 목소리를 간신히 끄집어내며 형을 불렀다.

"형, 형!"

아무리 불러도 대답 없는 형을 야속해 하며 일어나 대문을 밀었다. 다행히 열려 있었다. 나는 희미하게 불빛이 새어 나오는 방을 쳐다보며 다시 한 번 불렀다.

"형!"

제발 형이 날 반겨주길 바랐지만, 순간, 칼날보다 더한 가슴 철렁한 한 마디가 스치듯 전해지고 있었다.

"형, 없다."

'그럴 리가, 이 시간에 형이 없다니. 내가 여기까지 어떻게 왔는데' 겨우 일어선 지친 내 다리는 다시 힘을 잃었고, 털썩 주저앉은 나는 알 수 없는 배신감에 불 꺼진 작은 방만 잡아먹을 듯 노려보고 있었다.

시간이 얼마나 흘렀는지 모른다. 까맣게 잠든 밤은 자꾸만 깊어지고, 훌쩍이는 내 작은 울음이 점점 크게 들리고 있었다. 할 수 없었다. 통행금지 시간이 되기 전에 집으로 돌아가야 했다. 좁은 골목길에 시선을 고정한 채 간절함을 실었지만, 야속하게도 형의 발자국 소리는 들리지 않았다.

누구도 달래주지 않는 서러움을 삼키며 가까스로 마음을 수습한 나는 상심한 목소리를 애써 감추며 다시 한 번 용기 내어 물었다.

"형 어디 갔어요?"

"일하러 갔지!"

"무슨 일이요?"

"기타 치러갔는데, 왜?"

나중에 안 사실이지만 형은 나이트클럽에서 연주를 하며 등록금을 마련하는 아르바이트 학생이었다.

"그럼 형은 몇 시에 들어오는데요?"

"아직 안 와. 통행금지나 돼야 들어오지."

"그럼 아침에는 몇 시에 학교 가는데요?"

"해 뜨면 바로 나간다."

더 이상 방법이 없었다. 다시 공동묘지를 넘어 집으로 돌아가는 수밖에. 하지만 집으로 돌아오는 길은 내게 더 이상 두려움이 아니었다.

'통행금지 시간이나 돼야 집으로 들어오고, 아침에 해 뜨자마자 학교 가고, 그럼 난 언제 기타를 배우나?'

나름의 작전을 짜느라 집중하다 보니 어느 새 공동묘지를 넘어 우리 집 대문으로 들어서고 있었다.

형에게 기타를 배울 방법을 찾느라 두려운 생각조차 들지 않았던 것이다. 기타를 배우기 위해서는, 일단 형을 만나야 했고, 형을 만나려면 일요일을 기다려야 했다.

드디어 기다리던 일요일, 해가 뜨자마자 나는 다시 출발했고, 조급한 마음만큼이나 익숙한 걸음으로 빠르게 도착했다.

"형 안녕하세요?"

"어? 너 그때 나무 아래에서 본 아이구나. 그런데 여긴 왜 왔니?"

"기타 배우려고요."

"그래? 근데 어쩌니 나는 그럴 시간이 없단다."

"왜요?"

"내가 통행금지 때나 들어와서 새벽 1시에 자거든."

"형! 그럼 학교는 몇 시에 가는데요?"

"아침 8시."

그 때 나는 횡재라도 한 듯 신나게 소리치며 말했다.

"형, 그럼 됐네요."

"뭐가 돼."

"나도 8시에 학교 가야 하니까 제가 5시 반에 오면 되잖아요."

형은 놀라며 "뭐 5시 반? 나 새벽 1시에 잔다니까."

"형 그러니까 제가 새벽 5시 반에 오면 되잖아요"

"야 임마, 나 1시에 잔다고 했잖아. 그리고 새벽에 무슨 기타야.

너는 잠도 안 자냐?"

"형, 이 시간 아니면 기타를 배울 수가 없잖아요."

"아무리 그래도 임마, 나 새벽 5시 반에는 못 일어나."

"형, 그러면 제가 5시 반에 와서 깨워 드릴게요."

그러자 형은 어이없다는 듯 웃으며 말했다.

"자식, 그래 올 수 있으면 와봐."

형은 설마 내가 5시 반 그 새벽에 무서운 공동묘지를 넘을 수 있을까를 생각한 것이다. 새벽 5시 반, 잠자는 형을 흔들어 깨웠을 때 형은 내 머리를 두어 번 쓸어내리더니 기특한 듯 놀란 듯 자세를 고쳐 앉기 시작했다.

그리고 기타를 가르쳐 주었다. 그렇게 시작된 나의 새벽 외출은, 여름을 지나 스산한 가을, 그리고 독한 바람을 맞아야 했던 겨울까지, 1년의 절반인 6개월의 세월로 이어졌다.

지금 생각하면 겁 없는 행진이었다.

소리 없는 이슬비에 거침없는 장맛비까지, 비라도 오는 날이면 커다란 비닐을 집어 들고는 거의 묶인 듯 머리부터 발끝까지 온 몸을 둘둘 말고 집을 나섰고, 한 겨울 살을 에는 듯한 칼바람은 두꺼운 옷 한 벌 없이 대충 껴입은 초라한 옷차림의 어리고 여린 피부를 얼어 터지게 했다.

손이 얼어 닦을 수조차 없던 콧물 범벅된 얼굴은 아예 감각이 없을 정도로 당기고 따가웠는데, 그 시절 눈은 또 왜 그리 많았던지. 밤 새 내린 눈으로 세상이 은빛으로 물들었을 때도 무릎까지 푹푹 빠지는 공동묘지 길에 가장 먼저 흔적을 남기곤 했다.

때로 힘들고 두려운 마음에 울기도 했지만 기타를 배우러 가는 새벽 공동묘지 길을 포기하지 않았던 것은 기타를 배울 수 있다는 기쁨 때문이었다. 무서운 공동묘지 넘는 일조차 당연히 해야 할 새벽 일상으로 여길 만큼 기타가 좋았던 것이다.

시간이 지날수록 스스로도 놀랄 만큼 실력이 나아지고 있었고, 내 안에 조금씩 욕심이 생기기 시작했다.

처음 형을 만나던 날, 동네 나무 그늘 아래에서 들었던 〈The House Of The Rising Sun〉을 나도 연주하고 싶었던 것이다. 언제쯤 가르쳐 주려나 눈치만 보고 있다가 결국 기다리지 못하고 형에게 물었다.

"형, 그 때 나무 그늘 아래에서 형이 쳤던 곡이요, 〈The House Of The Rising Sun〉. 그건 언제 배우나요?"

형은 웃기만 할 뿐 아무 말이 없었고, 새벽 공동묘지 길을 넘나든지 6개월 쯤 되었을 때 드디어 〈The House Of The Rising Sun〉을 가르쳐 주었다.

그리고 형은 내게 말했다.

"너 이제 그만 와라, 이제 내가 가지고 있는 악보는 다 가르쳐 줬어."

"형, 그게 무슨 말씀이세요? 라디오에서 들으니까 멋있는 곡들이 많던데."

"곡목이 뭔데?"

"그건 저도 모르죠."

"그럼, 형도 모르지. 형이 가지고 있는 악보는 이게 전부야."

기타로 맺은 두 번째 인연은 그렇게 끝났고, 배울수록 부족함을 느낀 나는 또 다른 스승을 찾아야 했다.

🎵 고통을 먹고 자라나는 꿈

독학의 시간이었다. 혹시라도 잊을까, 행여 손이 굳을까 염려한 나는 형에게 배운 대로 매일 복습하듯 연주를 이어갔고, 어쩌다 새로운 악보가 구해지면 인쇄된 악보가 지워질 때까지 수십 번 수백 번 연습하곤 했다.

기타에 대한 열정이 클수록 갈증이 더했다. 실력이 늘어갈수록 더 잘 치고 싶었고, 인정받고 싶었다. 혼자만의 연습으로 2년을 지낸 어느 날이었다. 드디어 새로운 기회가 찾아왔다.

방에서 작은 책자를 보고 있던 형님이 "임택아, 이것 좀 봐라"라고 하셨다. 책자 중간쯤에 있던 기사는, 한국 최고의 연주자에 대한 소개와 그분이 운영하는 기타학원의 광고였다. 내게는 우연이 운명이 되는 순간이었다. 소름이 돋을 만큼 반가웠고, 보물을 발견한 듯한 기쁨에 가슴은 터질 듯 뛰고 있었다.

드디어 스승을 찾았다는 희망과 기대, 그것이었다. 하지만 마냥 행복할 순 없었다. 기쁨의 광고지 속엔 뛰어 넘어야 할 장애물도 함께 들어 있었다. 한 달 수강료 3천 원! 털썩 주저앉아 광고지를 뚫어져라 쳐다보던 나는 알 수 없는 배신감에 눈물 대신 차라리 웃고 있었다.

당시 학생 버스비가 3원이었던 시절, 단돈 30원도 없는 내겐 3천 원의 수강료는 곧 절망이었고, 포기할 수밖에 없는 현실이었다. 애꿎은 잡지책만 접었다 폈다 하며 미련을 보이던 나는 그 날 하루 종일 광고지와 씨름하며 그렇게 앉아 있었다.

그런 내가 안쓰러웠던지 다음 날 여섯 살 위의 형님이 내게 누런 봉투를 내밀었고, 그 안엔 3천 원이라는 믿을 수 없는 큰돈이 들어 있었다. 아르바이트로 모아둔 금쪽 같은 돈을 나를 위해 내놓은 것이다.

어른도 무서워하는 공동묘지 새벽길을 하루도 빠짐없이 오갔던 어린 동생의 열정을 모른 척 할 수 없었다는 말씀과 함께.

당시 대학생이었던 형은 학교생활 중에 늘 아르바이트를 병행했었다. 대학에 합격하고 등록금 때문에 걱정하고 있을 때 플라스틱 공장에서 일하던 옆집 아저씨가 공부하는 돈은 어찌됐든 마련해야 한다며 기꺼이 빌려주셨고, 이후 형은 스스로 아르바이트로 용돈과 등록금을 해결하고 있었다.

예나 지금이나 우리나라 부모들의 교육열은 대단하지 않은가. 달동네인 만큼 대학생이 귀한 것도 이유였지만, 밥은 굶어도 아이들 교육은 시켜야 한다는 부모들의 정성은 우리 형의 아르바이트를 순조롭게 했다.

초등학교 5학년은 한 달에 1천 500원, 6학년은 2천 원, 정해진 수업료로 동네 아이들의 과외가 이어졌고, 당연히 교실은 우리 집 단칸방이었다. 학교 수업이 끝나고 과외공부할 시간이 다가오면, 나는 늘 그렇듯 우리 방 가장 넓은 벽면 거울 옆에 칠판을 세워두고 방바닥에 종이를 깔아둔다.

수업이 끝나고 나면 온 방안에 분필가루가 하얗게 내려앉고, 결국 청소도 내 차지로 돌아오기 때문이다. 아이들이 모여들고 수업이 시작될 때쯤이면 형이 눈짓을 한다. 나가 있으라는 신호이다.

그러면 나는 기다렸다는 듯 기타를 들고는 얼른 집을 나선다. 뭔가에 몰두하거나 열중하면 그나마 유지하고 있는 약한 시력이 나빠질까봐 아버지는 내게 늘 말씀하셨다.

"아무것도 하지 말고 편히 쉬고 놀아라. 책도 많이 보지 말고 쓸데없이 기타 친다고 신경 쓰지 말고 알았지?"

그런 상황이었기에 사실 집에서는 제대로 연습하지 못했고 특별한 이유 없이 외출도 자유롭지 못했다. 아버지가 아시면 벼락이 떨어지기 때문이었다.

그런 내게, 형이 수업하는 시간은 자유였고, 외출할 수 있는 좋은 명분이었다. 기타를 들고 무덤가 동산에 올라 기타를 칠 수 있는 행복한 시간이었던 것이다.

그것만으로도 형의 과외 아르바이트는 내게 감사할 수 있는 이유였는데, 3천 원이라는 거액의 학원 수강료까지 전해진 것이다. 귀한 선물이었다. 공부할 시간을 쪼개어 가며 힘들게 번 돈이라는 걸 알면서도 나는 괜찮다는 인사말조차 하지 못했다.

어쩌면 애써 철없는 동생인 양 어린 마음을 앞세웠는지도 모른다. 수강료가 든 봉투를 받아들고는 앞뒤 생각 없이 학원으로 향했다. 그리고 내가 그토록 바라던 곳에 도착했다.

기타뿐 아니라 색소폰, 드럼 등 여러 악기를 가르치는 한국 최고의 음악 종합학원이었는데 특히 기타는 기초를 배우는 초급과정과 선생님이 직접 지도하는 고급과정이 있었다. 고급과정의 수강생들은 모두 대단한 실력자들이어서 한국 최고의 기타리스트들을 다 모아 놓은 듯했다.

연습실에서 전해지는 연주를 듣는 것만으로도 그동안의 목마름이 해소되는 느낌이었다. 음악을 들을 수 있는 그 시간이 마냥 행복했다. 연주가 이어지고, 나도 언젠가 그들처럼 될 수 있을 것이라는 의욕과 열정이 다짐으로 이어질 때쯤, 꼭 그만큼의 무게로 두려움도 자리하고 있었다. 그들과 비교하면 너무도 초라한 내 실력과 경력이 나를 주눅 들게 한 것이다.

연습실의 형들을 그저 부러운 듯 바라보던 내게 선생님은 말씀하셨다.

"넌 처음 보는 애구나."

"기타 배우러 왔어요."

"그래! 어디에서 왔니?"

내가 살고 있는 동네 이름을 말하는 순간 선생님의 표정이 약간 달라지고 있었다.

내가 살고 있던 동네는 당시 생활 보호대상자들만 모여 사는 가난한 빈민촌 중에서도 가장 어려운 형편의 사람들이 모여 사는 곳이었고 여름 장맛비에 시체가 나뒹구는 동네였으니 놀라는 것도 무리가 아니었다.

"그래 몇 살이냐?"

"예, 열여섯 살입니다."

선생님 생각에 설마 그 공동묘지가 있는 가난한 동네에서 열여섯 살밖에 안 된 어린 내가 기타를 구경이라도 했겠냐는 짐작이었나 보다.

"위층에 가면 기초반이 있으니 거기서 6개월을 배우고 오든지 다른 학원에서 6개월을 배우고 오너라. 그 때 테스트를 거쳐서 실력이 인정되면 레슨해 주마 . 여기는 개인 레슨반이야."

이대로 포기할 수 없었다. 급한 마음에 선생님 말씀이 끝나기도 전에 얼른 말을 이어갔다.

"저 기타 배웠는데요, 6개월 동안!"

나는 특히 6개월이라는 기간을 힘주어 말했다. 그 6개월이 어디 보통 6개월인가. 새벽에 무시무시한 공동묘지를 넘어가며 열심히 배운 6개월 아닌가! 게다가 그간 2년을 혼자서 나름대로 독학을 했으니 나름대로 자신도 있었다.

"그럼, 네가 가장 잘 할 수 있는 곡 한 곡만 연주해 봐라."

기회였다. 비장한 마음으로 기타를 집어 들었고, 지난 2년 동안 하루도 빠지지 않고 연습했던 〈The House Of The Rising Sun〉을 연주하기 시작했다. 우리나라 최고의 실력자 앞에서 연주한다는 게 떨리긴 했지만, 지금 인정받지 않으면 더 이상 기회가 없을지도 모른다는 생각에 최선을 다했다.

그리고 스스로 생각해도 기특하고 만족할 만큼 연주를 끝냈다. 은근히 칭찬을 기대하며 선생님을 바라보았던 나는 뒤통수를 얻어맞은 듯 멍한 상태일 수밖에 없었다.

　"왜 그만 해? 뒷부분은 왜 안 치냐?"

　'뒷부분이라니?' 그게 전부가 아니었다. 내가 2년을 줄곧 연습한 것이 전곡이 아닌 일부였음을 그 날 선생님 앞에서 알았던 것이다. 지난 2년 동안 〈The House Of The Rising Sun〉 한 곡조차 온전히 배우지 못했다니. 스스로 생각해도 어처구니없고 창피한 마음에 고개만 떨구고 있었다.

　당장이라도 뛰쳐나가고 싶었지만 그럴 수도 없었다. 지금 나가면 다시는 선생님을 볼 수 없을지도 모르는 일이었다. 이러지도 저러지도 못하고 굳은 듯 서 있던 내게 선생님은 웃으며 말씀하셨다.

　"기타가 그렇게 좋으냐?"

　"예?"

　"너 손 좀 펴봐."

　내 손을 찬찬히 살피던 선생님은 고개를 끄덕이며 말씀하셨다.

'넌 기타를 잘 칠 수 있는 손을 가졌구나. 폼도 됐고. 그래, 내가 가르쳐 주마. 저 형들처럼 열심히 연습할 수 있겠지?'

"예."

"꾀부리지 않고 잘 할 수 있지?"

"예."

선생님께서는 내게 세 번씩이나 다그쳐 물으신 후에 말씀하셨다.

"내일부터 레슨 받아라."

내가 그토록 간절히 바라던 기타리스트로의 꿈이 이루어지는 순간이었다.

학원에서의 기타 수업은 내게 최고의 행복이었다. 허락된 연습실에서의 생활과 쟁쟁한 선배들의 다양한 연주기법을 듣고 배우고 익힐 수 있는 기회는 자다가 생각해도 감사할 만큼 벅찬 기쁨이었다.

사람마다 조금씩 차이가 있긴 하지만 선생님께 평균 1년 정도 개인 레슨을 받으면 조그마한 나이트클럽에서 연주할 만큼의 실력을 갖게 되는데, 나 역시 개인 레슨 1년이 막 지날 무렵 선생님의 호출이 있었다.

"앞으로 40일 후에 전국 기타대회가 있으니 참가할 준비해라. 우리 학원생 140명 중에 너희 7명을 특별히 선발한 것이니 열심히 해야 한다. 큰 대회이니 만큼 입상만 하면 연주자의 길이 활짝 열릴 것이다. 1·2·3차 예선에 본선이 있으니 네 곡을 준비해라."

그토록 바라던 일이었지만, 그렇다고 온전히 기뻐할 수도 없는 일이었다. 나보다 6개월이나 먼저 배운 형들이 있었기에 내 자신이 그 어느 때보다 작고 초라해 보였고, 어쩌면 당연한 일이었다.

그런 내 맘을 눈치 챈 선생님은 나를 사무실로 따로 불렀다.

"너도 충분히 겨룰 만하다. 남의 떡이 커 보이는 거야. 아직 40일이나 남았으니 열심히 하면 얼마든지 가능성이 있다. 포기하지 말고 네 곡을 준비해서 연습해."

선생님은 학원의 막내였던 내게 연주곡을 선곡해주는 애정을 보여주셨다.

대회는 당시 한국연예인협회 연주분과에 등록되지 않은 아마추어 기타리스트들이 출전하는 대회였고, 입상을 하면 연예인협회에 등록되는 건 물론이고, 프로 기타리스트로 인정을 받는 대회였다.

대회가 가까워지고 연습이 막바지에 이를 무렵 학원 연습실에서는 함께 출전할 형들이 한창 연습 중이었다.

그런데 그 중 한 명의 악보를 보게 되었는데 이상하게도 형의 악보는 다섯 곡이었고, 그 다섯 곡 중에는 선생님이 내게 3차 예선에서 연주하라고 선곡해주신 〈Pipeline〉도 들어있음을 발견하게 되었다.

"형, 선생님이 이번 대회에 네 곡을 준비하라고 하셨잖아요. 근데 왜 다섯 곡이에요?"

그러자 형은 우리 여섯 명을 향해 이렇게 말했다.

"야, 너희들 대상이라는 것 알아? 대상! 대상 받으면 뭐 하냐?"

"앵콜이요."

"그렇지, 한 곡은 앵콜이야. 임마."

'아차' 싶은, 미처 생각하지 못한 부분이었다. 형의 자신감에 그대로 짓눌리는 듯한 느낌이었다. 그나마 작은 자존심이라도 지키고 싶었을까? 난 애써 태연한 듯 물었다.

"앵콜은, 상 받은 곡을 치면 되잖아요."

"자식, 프로가 체면이 있지. 한 번 연주한 곡을 어떻게 또 하냐."

어설픈 나의 자신감은 이미 숨어들고 있었다. 나보다 열 살이 많은 스물일곱 살의 형은, 열아홉 살 때부터 기타를 배웠고, 크고 작은 대회에 세 번씩이나 출전한 경험을 가지고 있었다. 더구나 얼마 전부터는 나이트클럽에서 연주까지 하고 있어서 무대 경험으로도 이미 앞서 있었는데, 생각까지 이미 나와는 차원이 다르다는 걸 알게 되면서 더더욱 작아질 수밖에 없었던 것이다.

하지만 한편으로는 형의 자신만만한 태도에서, 프로는 뭔가 다르다는 것을 배웠고, 나의 정신자세를 다듬는 계기가 되었다.

선곡한 네 곡을 완전히 익히느라 하루 종일 기타를 안고 살았다. 기타 줄에서 뗄 수 없었던 손가락은 저녁이면 검붉은 피멍이 들었고, 자고 일어나면 피멍 든 곳에 딱지가 앉아 굳은살이 생겼다. 그러다 밤이 되면 다시 피멍이 들고, 기타를 연주하는 내 손가락은 피멍과 굳은살로 범벅이 되고 있었다.

3차 예선에서 연주할 〈Pipeline〉을 연습할 때였다. 왼손 넷째 손가락으로 힘차게 기타에서 제일 굵은 6번 선을 슬라이딩하던 중에 나는 비명을 지르고 말았다.

기타 줄이 피멍이 들어 얇아진 네 번째 손가락 속을 파고 든 것이다. 살이 터져 피가 뚝뚝 흐르기 시작했고, 급한 마음에 약국으로 뛰어갔다. 약사는 상처 부위에 지혈제와 연고를 바르고 붕대를 감기 시작했다. 순간 나는 뿌리쳤다.

붕대를 감게 되면 손의 감각이 없어서 연습을 할 수 없기 때문이었다. 나는 지혈만 시켜달라고 했고, 의아해 하는 약사에게 기타 연습을 해야 한다고 말했다. 상처가 덧나니 절대 안 된다는 약사의 말을 뒤로 하고 지혈된 손가락에 안심하며 집으로 돌아왔다.

손이 기타 줄에 닿을 때마다 비명이 절로 나왔다.

방법을 생각한 나는 다시 지혈제와 함께 약국에서 구입한 연고를 바르고는 거즈를 얇게 둘러가며 상처 부위를 감았다.

하지만 거즈만으로는 기타 줄에 스치는 여린 피부의 통증을 감출 수 없었다. 한참을 생각한 나는 손가락에 투명 테이프를 돌려 감기 시작했다. 약 십여 차례 감았을까. 상처는 건드리지 않되 감각은 살아있도록 팽팽하고 꼼꼼하게 감싸듯 투명 테이프를 돌려대고 있었다. 그리고 연습은 다시 시작되었다.

기타 줄을 누를 때마다 칼로 찌르는 듯, 고통에 절로 신음소리가 흘러 나왔지만, 이를 악물고 참았다. 대회에서 입상해야 한다는 나의 절실함이, 독한 인내로 자리한 것이다.

아마추어와 프로는 생각부터 다르고 생각이 달라지면 말하는 것이 변하며 말이 변하면 삶이 변하고 변화된 삶은 운명을 바꿔놓는다.

진정한 프로는 자신의 성장을 위하고 꿈을 이루기 위해서 어떠한 수치심과 어려움도 견뎌야 하며, 자존심 따위는 버려야 한다.

🍃 꿈의 무대를 향한 질주

1968년 6월 26일 서울 진명여고 강당인 삼일당에서 대회가 시작되었다. 형들과 나, 우리 학원의 참가자는 7명, 전국에서 모인 참가자 수는 117명, 모두 기타에 있어서는 내로라하는 자부심을 가진 실력자들이었고 그 중 나는 열일곱 살 가장 어린 참가자로 등록되었다.

1차 예선부터 치열한 경쟁이었다. 우열을 가리기 힘들 만큼 모두가 대단한 실력들이었다. 하지만 나 역시 스스로를 격려하며 최선을 다했다. 투명 테이프를 동여맨 손가락이 기타 줄에 닿을 때마다 참기 힘든 고통이었지만, 그 동안의 고된 연습을 헛되게 할 수 없었다.

1차 예선은 그야말로 지금의 노래자랑 분위기였다. 더 이상 들어볼 것도 없을 만큼 실력이 뒤쳐지는 참가자들에겐 한두 소절만으로도 요란한 '땡' 소리가 울렸는데, 반갑기도 하고 놀랍기도 하고 기막힌 인연을 그곳에서 만날 수 있었다.

내가 새벽마다 공동묘지를 넘어가며 기타를 배웠던 고마운 형! 당시 내겐 절대적인 실력자였던 형이 대회에 출전한 것이다. 그리고 1차 예선에서 연주 한 번 제대로 하지도 못하고 '땡' 소리에 내려온 사람, 그가 바로 그 때 그 형이었던 것이다. 한때 내게 선망의 대상이었던 형이 '땡' 소리의 주인공이라니.

반갑다고 인사해야 할지, 무안해 할 형을 위해 모른 척 해야 할지. 고민 아닌 고민에 피식 웃었던 기억이 있다. 100여 명의 참가자 중 56명이 선발되는 1차 예선 결과에서, 우리 학원에서는 나와 앵콜곡을 준비했던 형만 통과했고, 함께 출전했던 5명의 형들은 아쉽게도 1차 예선에서 탈락했다.

바로 이어서 2차 예선이 열렸고 앵콜곡을 준비한 선배는 내가 연습 중 손가락 부상을 입은 〈Pipeline〉을 연주했는데, 이 곡은 내가

3차 예선에서 연주하려던 곡이기도 했다.

넷째 손가락에 부상을 입을 정도로 강한 힘을 요구하는 섬세한 부분이 다섯 번이나 반복되는 어려운 곡을, 형은 2차 예선에서 연주한 것이다. 평소 능숙한 손놀림으로 연주하던 형의 실력인지라 안심하며 듣고 있었는데, 형도 긴장했을까?! 반복되는 부분을 세 번까지는 잘 넘어갔는데 네 번째에서 그만 실수를 하고 말았다.

'그래도 한 번 실수한 건데 뭐.'

형을 위로하며 발표를 기다렸지만 2차 예선 통과자 명단에 형의 이름은 없었다.

경쟁의 세계와 프로의 세계에서는 단 한 번의 실수도 용납되지 않는다는 걸 새삼 깨달은 순간이었다.

운이 좋았는지, 나는 무사히 2차 예선을 통과했고 3차 예선을 거쳐 그토록 바라던 본선에 올랐으며 최종 무대였던 본선에서 2등으로 입상하는 영광을 안았다. 최연소 참가자인 내가 그 큰 대회에서 내로라하는 실력자들을 물리치고 2등에 입상하리라고는 그 누구도 예상하지 못했기에 더욱 값진 수상이었다.

대회 1차 예선의 참가자는 모두 117명이었다. 그 중 56명이 2차 예선에 올랐고, 3차 예선에는 28명, 그리고 본선에 오른 12명의 참가자들 중 장려상과 1·2·3 등까지 모두 4명의 수상자가 발표되었는데, 그 중 내가 2등이라는 놀라운 성과를 올린 것이다.

　1차에서 3차까지의 예선을 거쳐서 본선에 오르기까지 나는 주로 일렉트릭 기타 음악의 대부로 알려져 있는 벤처스(The Ventures)의 곡을 주로 연주했다.

　1차 예선에서는 상하이 트위스트로 알려지면서 전국적으로 선풍적인 인기를 끌었던 〈Shanghied〉, 2차 예선에서는 〈Walk Don't Run〉, 3차에서는 우리 학원 최고의 실력자인 형조차 실수했던 〈Pipeline〉, 그리고 마지막 본선 무대에서는 역시 벤처스의 〈Moving And Grooving〉을 연주하였다.

　아침 10시부터 시작해서 저녁 8시까지 계속된 힘든 대회였다. 시험을 치르는 아들이 걱정된 어머니는 대회장까지 동행했고, 1차·2차 예선을 통과할 때마다 기특함에 박수를 아끼지 않았다. 그리고 그 날의 잊을 수 없는 또 하나의 기억, 아버지였다.

사랑하는 아들이 행여 시력을 잃을까 염려한 아버지는 내가 기타 치는 걸 노골적으로 싫어하셨기에 대회에 출전한다는 말씀조차 드리지 못했었다. 그리고 참가자들 중 경력이 가장 짧은 나로서는 입상할 자신이 없었기에 아버지께는 더더욱 비밀로 하고 싶었다.

　그런데 이게 웬일인가, 마지막 12명이 겨루는 본선 무대를 마치고 대기실에 들어섰을 때 나는 내 눈을 의심했다.

　아버지께서, 우리 아버지께서 대견하다는 듯 나를 바라보고 계셨다.

　'우리 임택이 잘했다. 정말 잘하는구나.'

　무뚝뚝한 아버지가 나를 칭찬하고 있었다. 또 한 번 야단맞을 걸 각오하고 있던 나는 오히려 무대 위에서 느끼지 못한 긴장감에 살짝 떨리고 있었다. 난 아무 말도 못하고 아버지를 향해 고개를 숙였다. 짧은 순간이었지만 많은 생각들이 지나고 있었다. '아버지 고맙습니다. 어떻게 알고 오셨어요? 화 안내세요? 저 본선에 올랐어요. 이제 저를 이해해 주시는 거예요?'

　수많은 말들이 머릿속에서 오갔지만, 차마 말하지 못했고, 아버지 역시 긴장한 내 등을 두 번 토닥이는 것으로 마음을 전하고 있었다.

3차 예선에 오르면서 어머니가 아버지 회사로 연락을 하셨고, 서둘러 퇴근한 아버지가 어느 새 도착해서 무대 위 나의 모습을, 그리고 나의 연주를 보고 듣고 계셨던 것이다. 다른 참가자에 비하면 내 기타 경력은 너무도 보잘것 없었다. 공동묘지 동네 옆방 아저씨에게 배운 어설픈 경력까지 모두 더한다고 해도 나의 연주 경력은 3년밖에 안 되었고, 나이트클럽 무대 경험 또한 전혀 없는 가장 나이 어린 나약한 소년 그 이상도 이하도 아니었기 때문이다.

　그런 내게, 전국대회 2위 입상이라는 타이틀은 자신감과 자부심을 심어주었다. 그리고 세계 최고의 기타리스트들과 함께 공연하고 싶다는 구체적인 꿈으로 나를 채찍질하는 또 하나의 귀한 계기가 되었다.

　공동묘지 동네라는 불가능한 환경에서도 포기하지 않았던 열네 살 소년의 꿈을 위해 노력한 결과는 열일곱 살 어린 나이에 전국 기타 대회 입상이라는 수상으로 이어졌고, 20대 중반쯤에는 당시 우리나라 최고의 무대라고 불리던 미8군 무대의 전속 기타리스트, 그리고 30대 중반쯤이면 세계적인 연주자가 될 것이라고 다짐하고 결심하며 인생의 치밀한 계획을 세우고 있었다.

그리고 그 무렵, 내게 더없이 귀한 격려와 응원이 전해졌다. 그토록 반대하셨던 아버지가 당시 통기타의 30배 정도에 달하는 비싼 일렉트릭 기타를 선물해주신 것이다.

"너무 무리하지 말고 연습하거라."

무뚝뚝한 한 마디였지만, 애써 담담하게 말씀하시는 아버지의 짧은 격려에 울컥하는 뭉클함으로 콧등이 시큰해졌다.

"아버지, 감사합니다."

내 짧은 인사 또한 애써 기쁜 떨림을 숨기고 있었다.

아버지를 실망시키지 않기 위해서, 그리고 그토록 원하던 꿈을 이루기 위한 나와의 싸움이 시작되었다. 결코 쉽게 이루고 싶지 않았다. 힘들지만 확실하게 다른 사람과는 구별되는 나만의 노력으로 앞서가고 싶었다.

양팔에 모래주머니를 감고 연습에 들어갔다. 육상 선수가 기록을 단축하기 위해서 발목에 모래주머니를 감고 언덕을 오르는 것처럼, 손에 힘을 기르고, 어떤 상황에서도 손가락을 자유롭게 움직일 수 있도록 무거운 모래주머니를 감고 연주한 것이다. 기타대회에서 입상하면서 나이트클럽 무대에 설 수 있는 기회도 생겼다. 누군가 나의 연주를 들어주는 사람이 있다는 것만으로도 신나고 즐거운 일이었다. 하지만 방심하지 않았다.

나이트클럽의 연주 생활 속에서도 양팔에 모래주머니를 감은 채 연습하는 일은 하루도 빠짐없이 계속되었고, 틈틈이 기타 학원에서 학생들을 가르치는 일도 이어갔다.

그 무렵, 가정 형편도 차츰 나아졌다. 공동묘지 동네에서의 7년, 우리는 마침내 그곳을 벗어나게 되었는데 전과 다름없는 허름한 집이었지만, 그나마 언덕을 내려선 아래 동네였기에, 희망을 품을 수 있는 삶의 위안이었다. 미8군에서 연락이 온 것도 그 즈음이었다.

"다음 주 목요일에 시간 낼 수 있습니까?"

"왜 그러시죠?"

"40분 정도 연주를 부탁합니다."

꿈은 이루어진다. 꿈이 이뤄지고 있었다. 미8군 무대가 어떤 곳인가! 당시 우리나라 연주자라면 누구나 꿈에라도 서보고 싶은 무대였다.

미8군 무대에서 연주한다는 것은 우리나라 최고 그룹의 연주자라는 의미였다. 더구나 20대 중반에 미8군 전속 기타리스트가 되겠다는 나의 꿈이 무려 7, 8년이나 앞당겨져 실현되는 순간이었다. 열여덟 살 오직 기타밖에 모르던 독한 소년에게 찾아온 꿈 같은 현실이었다.

그 날부터 무대에 서는 날까지, 기타만을 위한 시간이었다고 해도 지나치지 않을 만큼 하루 대부분의 시간을 연습에 투자했다. 미8군 무대는 기타대회와 달리 경쟁상대가 있는 건 아니었지만 한 순간도 연습에 소홀할 수 없었다. 40분이라는 짧은 시간이지만, 실력을 인정받을 수만 있다면 미8군 전속 기타리스트의 꿈을 이룰 수 있는 디딤돌이 될 수 있기 때문이었다.

약속대로 무대에서 연주하던 날, 나는 지난 4년 간 익힌 기타 솜씨를 모두 발휘했다. 한 음 한 음에 그야말로 혼신의 힘을 쏟아부었고, 연주를 마치는 순간 쓰러져도 좋다는 각오로 최선을 다했다.

그동안 수천 번도 더 연습했던 〈Shanghied〉, 〈Walk Don't

Run〉을 비롯해서 '해 뜨는 집'으로 잘 알려진 〈The House Of The Rising Sun〉, 기타 전용곡이라고 할 수 있는 〈Diamond Head〉, 〈베사메 무쵸〉, 〈California Dreaming〉 등 한 곡당 3~4분 정도 하는 연주곡을 쉬지 않고 11곡을 이어갔다.

시간이 어떻게 흘렀는지 모른다. 연주를 이어가는 내내 내 손은 자동으로 움직이는 듯 했다. 마지막 곡의 연주가 끝나고 나서야, 등줄기가 서늘함을 느꼈다. 온몸이 땀에 젖었다. 휘청할 만큼 힘든 시간이었다. 쏟아지는 박수 소리에 몸을 추스르고 시선을 객석으로 돌렸다. 관중들은 자리에서 일어나 앵콜을 외치고 있었다.

발을 구르고, 휘파람을 불며 나의 연주를 원하고 있었다. 짙은 안개 속을 걷는 듯 자욱한 담배 연기 속에서도 열광하는 관객들의 표정을 읽을 수 있었다. 박수가 끊이지 않았다.

그때서야 긴장이 풀리면서 주위를 둘러볼 수 있었다.

기타줄에서 해방된 내 열 손가락은 이미 지쳐 있었다. 고개 숙여 인사하면서 그대로 주저앉고 싶다는 생각을 하기도 했지만, 끊이지 않는 박수소리는 알 수 없는 전율처럼 내 몸을 감싸는 듯했고, 마치 누군가의 강한 힘에 충전되듯 어느 새 나는 다시 기타 줄에 손을 대고 있었다.

앵콜에 답하는 연주가 시작되었다. 신나는 〈고고 댄스〉로 분위기를 축제로 몰아갔다. 연주자와 관객이 하나가 되는 듯한 일체감은 미8군 무대를 들썩이게 했고, 또 다시 이어지는 앵콜에 나는 〈기타맨〉의 연주로 답하고 있었다. 마치 앵콜을 준비한 사람처럼 나는 그들의 환호에 답하고 있었고, 그토록 원하던 연주자의 모습에 스스로 빠져들고 있었다.

한 곡이 끝나면 앵콜, 또 다시 앵콜, 그 날 나는 네 번의 연주를 더 하고서야 무대를 내려올 수 있었고, 그로부터 얼마 후 미8군 최초의 10대 전속 기타리스트라는 기록을 세울 수 있었다.

대가없는 보답은 없다고 했던가. 지난 4년 동안 이어온 한길 노력은, '미8군 전속 기타리스트 임임택'이라는 이름을 안겨주었고, 세계적인 연주자로의 꿈을 이루는 가장 확실한 지름길로 이어지는 듯 했다.

그러나 만만치 않은 인생이었다. 그토록 소망하던 미8군 무대에서의 생활은, 교만에 빠지기 쉬운 내게 숨 돌릴 시간조차 주지 않는 또 다른 채찍이었다. 선배들의 놀라운 연주와 현란한 손놀림은 충분한 자극이었고 밀려나지 않기 위한 절박한 심정으로 실력을 키울 수밖에 없었다.

프로에게는 단 한 번의 실수도 죽음이다.
진정한 프로는 성장을 위하여 남이 알지 못하는
자기 혼자만의 싸움이 있어야 한다.

🐛 떠오르는 무지개를 삼켜버린 먹구름 | 09

미8군 전속 기타리스트의 생활은 힘들고 고단했다. 하지만 스스로 선택한 기분 좋은 피곤이었기에 웃으며 견딜 수 있었고, 그 무렵 집안 형편도 좋아져서 우리 가족의 편안한 일상이 시작되었다.

일본 유학, 연희전문학교 출신, 전직 공무원, 그리고 선박회사를 운영하던 사업가. 아버지는 당신의 화려한 이력에 대한 자존심을 버리고 피혁 전문 회사였던 기업체에 말단 직원으로 취직하셨다. 그리고 누구보다 성실한 근무 태도에 사장이 감동하면서 고속 승진을 하게 되었는데, 말단 경리사원에서 과장, 그리고 부장까지 단숨에 오르는 능력을 보여주셨다.

그렇게 최선을 다한 아버지의 노력으로 우리는 조금 넓은 집으로 이사를 할 수 있었다. 공동묘지 단칸방 시절에 비하면 그야말로 화려한 시절이었다. 생활에 제법 여유가 생기면서, 부모님은 서두르기 시작했다. 오랫동안 방치해 두었던 나의 오른쪽 눈 수술을 계획하신 것이다.

실명의 원인이 어려워진 살림으로 인한 영양부족과 치료중단이었으니, 부모된 심정에 얼마나 가슴 깊은 한이었을지 감히 짐작한다. 부모님은 가장 좋은 병원을 수소문해서 입원날짜를 잡았고, 나는 수술을 위해 미8군 무대에서 연주한 지 2년 만에 처음으로 휴가를 냈다. 잃었던 한쪽 눈의 시력을 되찾을 수 있을 거라는 기대와 믿음으로 수술을 받았다. 하지만 역시 무리였다.

방치한 지난 7년의 세월은 너무 길었다. 수술은 실패로 끝났고 좀 더 일찍 병원을 찾았어야 했다는 의사의 말에 그저 안타까움만 안고 돌아왔다. 어쩔 수 없었다. 돈으로도, 노력으로도, 인간의 힘으로는 되지 않는 어쩔 수 없는 일이었다. 실패로 끝난 수술 결과를 인정할 수밖에 없었다. 하지만 좌절하지 않았다.

비록 오른쪽 눈 수술은 실패로 끝났지만 왼쪽 눈의 시력이 남아 있었고, 내겐 세계적인 기타리스트로의 꿈을 이룰 수 있는 연주자로서의 능력이 있었기 때문이었다. 다시 미8군 무대에서의 연주생활이 계속되었다.

당시 미8군 연주자는 A, B, C 세 그룹으로 구분되었는데, 처음 시작할 때는 C그룹에서 출발하게 되고, 실력을 인정받으면 B그룹, A그룹으로 올라설 수 있었다. 반쪽 시력으로 살아야 했던 나로서는 노력만이 살 길이었다. 자격지심을 자존심으로 끌어올릴 수 있는 유일한 방법은 끝없는 연습뿐이라는 것을 험한 내 소년기는 증명하고 있었고, 그 독한 체험들은 어느 새, 내 안에서 게으름을 거부하는 강한 채찍으로 자리잡고 있었다.

C그룹에서 B그룹으로 옮겨지기까지 평균 3~4년이 걸린다고 했다. 하지만 하루도 거르지 않고 손목에 모래주머니를 차고 연습했던 나는 미8군 연주자 생활 1년 만에 B그룹에서 활동할 정도로 능력을 인정받았고, 미8군 생활 4년째인 스물한 살에는 A그룹으로

올라서는 빠른 성장을 이룰 수 있었다.

인생의 먹구름이 지나고 바라던 무지개가 뜨는 듯했다. 한국 최고의 기타리스트 대열에 들어서는 꿈같은 현실은, 장래가 촉망되는 연주자로 주목받게 되는 새로운 인생을 예고하고 있었고, 그 무렵 내게 찾아온 해외공연의 기회는 당시 최고의 화제로 뉴스가 되는, 벅찬 일이었다. 기적과도 같았던 축복이었다.

그 시절 해외공연은 평생 한 번 있을까 말까한 최고의 기회였던 것이다. 하지만 숨어있던 내 삶의 먹구름이 강한 태풍으로 쏟아졌다. 출국 40여 일을 앞두고 하루아침에 절망으로 다가온 불행이었다.

🌱 평생의 마지막 햇살 | 10

    1972년 3월 5일! 결코 잊을 수 없는 그 날은, 아침 햇살이 유난히 예쁘게 빛나던 기분 좋은 아침이었다. 평소처럼 눈을 뜨자마자 연습을 시작했는데 이상했다. 눈이 침침했다.

    몇 번을 감았다 떠도 여전히 눈앞이 안개처럼 희미하고 봄날 아지랑이처럼 세상이 가물가물 연기처럼 흔들리고 있었다. 눈에 보이는 익숙한 물건들이 하나 둘씩 겹쳐 보이기도 했다. 절대적으로 피해가고 싶은 간절함이었을까? 순간, 알 수 없는 나쁜 예감에 몸이 움찔했지만, 애써 외면하며 불안한 마음을 다독이고 있었다. 눈을 비벼대고 부릅떠가며 오전 연습을 끝냈다. 하지만 침침한 느낌은 사라지지 않았다. 불길했다.

막연한 두려움에 가슴이 조여 오는 듯 두근거리기도 하고, 수시로 정전이 되던 어린 날의 기억이 떠오르기도 했다. 밥 먹다가 갑자기 정전이 되면 숟가락을 집어던지고 엄마 품으로 뛰어들던 깜깜한 어둠에 대한 두려움. 눈을 감고 천천히 눈가를 마사지하듯 누르기 시작했다. 평소 몸을 아끼지 않는 나였지만 시력에 있어서만큼은 예민할 수밖에 없었다. 쉬어야 했다.

'잠깐 눈 붙이고 나면 괜찮을 거야, 괜찮아, 그동안 밤낮으로 연습하느라 피곤해서 그럴거야, 그래 그런거야.'

마치 최면을 걸듯 나는 반복해서 되뇌이고 있었고 대충 책상에 엎드려 잠을 청했다.

사실 그러고보니 낮잠의 기억이 없었다. 지난 세월의 고단함이 안쓰럽게 지나고 있었다. 얼마를 잤을까. 눈을 떠보니 어느 새 밖은 어두워져 있었다. 클럽 연주 시간에 늦지 않으려면 서둘러야 한다는 생각에 책상 위 스탠드를 향해 손을 내밀었다.

스탠드 줄을 잡아 당겼다. 이상했다. 분명 불을 켰는데 주변은 여

전히 어둡다. 책상 위를 뚫어져라 쳐다보며 눈을 가늘게 집중해도
보이지 않았다. 분명히 악보가 손에 잡히는데, 눈으로는 아무것도
보이지 않는다. 책상 옆의 물 컵도, 벽에 걸린 달력도, 내 기타도, 벽
지도, 방문도 아무것도 찾을 수가 없었다.

'안 보인다, 안 보여, 눈이 안 보인다.'

아주 약한 불빛만이 실처럼 가늘고 희미하게 비쳐질 뿐 세상 모
든 사물들이 숨어버린 듯했다.

차마 주저앉지도 못했다. 내가 앉아버리는 순간, 내 인생도 이대
로 주저앉게 될까봐.

두려움에, 얼어버린 사람처럼 꼼짝하지 않고 서 있었다. 주먹을
꼭 쥔 채 나는 얼른 눈을 감았다. 그리고 중얼거렸다.

'지금 내가 눈을 감고 있기 때문에 캄캄한 거야, 눈을 뜨면 돼, 눈
을 뜨면 돼.'

눈꺼풀을 위로 올리기만 하면 되는데, 그러면 되는데.

나는 차마 눈을 뜨지 못했다. 눈 뜨고도 세상이 안 보일까봐. 나는
파르르 떨리는 두 눈을, 있는 힘을 다해 힘주어 꾹꾹 누르듯 감고

있었다. 살얼음판을 걷듯 늘 불안감으로 자리하던 내 약한 시력이 완전히 무너지던 그 순간, 나의 닫힌 눈 속에서는 두렵기만 했던 여섯 살 어린 기억이 다시 열리고 있었다.

머리 곳곳에 손가락보다 더 기다란 대침을 30대나 맞으면서도 침을 맞지 않으면 그나마 하나도 안 보인다는 말에 입술이 터지도록 깨물어 가며 고통을 참았던 여섯 살 어린 꼬마의 절실함이 또렷한 영상으로 떠올려진 것이다.

'의사 선생님 말대로 다 했는데, 잘 참았는데, 바로 오늘 아침까지도 잘 보였는데.'

내게, 실명은 단순한 맹인선고가 아니었다. 공동묘지 비참한 생활에서도 나를 지탱할 수 있었던 기타리스트로서의 삶과 꿈이 사라졌다는 의미였고 그것은 곧 죽음이었다.

누구도 예측할 수 없는 게 인생이라지만, 아무 예고 없이 닥친 실명의 불행은, 참으로 감당하기 어려운 일이었다. 실려 가듯 병원에 입원을 하고, 혹시나 하는 마음에 다시 수술대에 올랐지만 수술 도중 출혈이 멈추지 않았고, 결국 수술을 포기해야 하는 상황이었다.

그리고 나는 원인을 알 수 없는 이유로 마취에서 깨어나지 못한 채 사경을 헤매다가 기적처럼 8일 만에 깨어날 수 있었다. 살아도 죽음이라는 말을 실감하는 나날이었다.

1972년 3월 5일. 영원히 잊을 수 없는 그 날의 아침 햇살이 내겐 평생의 마지막 태양이 되고 만 것이다. 아무리 눈을 비비고 크게 떠도 어둠뿐이다. 찬란한 태양도, 휴식과도 같은 달빛도, 내겐 의미가 없었다. 혼자 힘으로는 아무 것도 할 수 없는 비참한 인생이 나를 더 캄캄한 세계로 인도하고 있었다.

그토록 염원했던 세계적인 기타리스트의 꿈을 접을 수밖에 없었다. 기적과도 같았던 해외공연을 불과 40여 일 앞두고 어쩔 수 없이 모든 것을 포기할 수밖에 없었다. 아무런 꿈도 희망도 없는 삶, 절망조차 귀찮아지던 그 때의 심정은 차라리 담담한 방관자였다.

아침부터 밤까지 누워만 있었다. 생각조차 닫아둔 사람처럼 아무 생각도 할 수 없었다. 그 와중에도 배고픔을 느끼는 내가 견딜 수 없을 만큼 혐오스러웠고, 어느 새 잠이 들고 깨어나 목마름을 느끼는 내가 견딜 수 없이 싫었다.

스스로를 증오하고 미워하고 저주하는 처절함은, 눈물조차 힘겨운 시달림이었고 그렇게 1년의 시간을 겨우 겨우 살아내던 어느 날, 나는 바보 같은 용기를 내기로 결심했다.

'그래, 차라리 죽음의 세계엔 빛이 있을지도 모른다. 이 모습으로 살아봐야 불쌍한 부모님께 짐만 되고 이미 꿈도 희망도 잃어버린 내겐 일상이 쓰레기일 뿐이다. 죽어버리자. 깨끗하게 인생을 마무리하자.'

결심을 굳힌 나는 방법을 찾기 시작했다. 하지만 쉽지 않았다. 죽을 수도 없다는 말이 무슨 말인지 알 것 같았다.

몇 날을 고민한 끝에, 수면제를 택했다. 잠을 이룰 수 없다는 핑계로 한 알 두 알 수면제를 부탁했고, 가족들 모르게 대략 한 주먹이 될 때까지 모으기 시작했다.

한 달 이상의 긴 시간이 필요했다. 수면제가 쌓여가는 하루하루는 살면서 가장 힘든 시간이었다. 자식을 먼저 떠나보내고 평생 아픈 가슴으로 살아갈 부모님을 생각하면 하루가 지옥이었다.

일부러 얼마나 못되게 굴었는지 모른다. 자식에 대한 안타까움보다, 쾌씸함을 기억시키는 것이 남은 세월 부모님이 감당한 아픔을 조금이나마 덜어드리는 길이라 생각했다. 책상 서랍에 넣어둔 수면제를 매일 손바닥에 올려가며 한 주먹의 느낌을 확인했고, 마침 온 가족이 외출하고 없는 틈을 타 미련 없이 털어넣었다.

하지만 앞을 보지 못하는 나의 자살기도가 완벽할 수 없었다. 잠이 든 것처럼 반듯하게 누워 있었지만, 미처 수면제를 넣어두었던 약봉지를 처리하지 못했던 것이다. 병원으로 옮겨진 나의 질긴 삶은 또다시 이어지고 있었다.

원치 않았지만, 결국 다시 깨어났고 숨죽여 우는 어머니의 가늘고 약한 울음은 모든 걸 포기하고자 했던 내게 다시 일어서는 작은 불씨로 자리잡고 있었다. 아무리 절망해도 되돌릴 수 없음을 인정하기로 했다. 그리고 인정하는 만큼 노력해야 했다.

'임임택! 이제 더 이상은 어리광이다. 예전의 끈기 있는 임택이로 돌아가자!'

무겁지만 다시 일어서고자 다짐했다. 우선 방안의 모든 것들과 친해져야 했다. 방문으로부터의 동선을 익혀가며 불편을 줄여갔다.

방문에서 왼쪽으로 돌아 세 걸음이면 책상, 책상 오른쪽으로 옷장, 옷장 안 왼쪽 아래로 서랍이 하나 둘 셋. 하나하나 머릿속에 그림을 그리듯이 저장하며 외우고 연습하고 익혔다.

내 방의 모든 구조가 익숙해지면서 마루로 이어가고, 마루에서 부엌으로 부엌에서 마당으로. 눈이 아닌 감각으로, 훈련으로 사는 법을 터득하고 있었다. 결코 쉽지 않았다.

반짝이는 아침 햇살을 더 이상 볼 수 없다는 것이, 내가 내 얼굴조차 확인할 수 없다는 것이, 파란색, 빨간색, 초록색, 세상의 화려함이 내겐 이제 부질없음을 인정한다는 게 억울하고 믿을 수 없었다.

하지만 소용없는 일이었다.

왜 하필 내게 이런 엄청난 말도 안 되는 일이 생겼는지 이해할 수 없었지만, 그래서 하루에도 몇 번씩 소리치고 세상을 원망했지만 달라지지 않았다. 이미 내게 주어진 운명이었던 것이다. 현실의 나를 인정하는 연습, 내가 나를 사랑하는 연습, 그리고 어두운 세상에 익숙해지는 연습을 해야 했다.

규칙을 세우기 시작했다. 시각장애는 곧 자신과의 새로운 약속이었다. 모든 물건은 제자리에, 나를 중심으로 계산된 곳에 두는 새로운 규칙으로의 적응 훈련이었다. 세상이 보이는 사람들은 잘 이해하지 못하는 일 중 하나가 시각장애인들의 물건 놓아두는 습관이다.

예를 들면, 책상 위 왼쪽으로 시작해서 안경이 놓이고, 안경 옆에 머리빗, 바로 그 옆으로 라디오.

이런 식인데, 어쩌다 놀러온 친구나 후배가 나름대로 친절하게 청소라도 하는 날이면 모든 게 엉망이 된다. 청소하는 친구나 후배들일수록, 혹시 부담스러워 할까봐 몰래 살짝 살짝 청소를 하기 때문에 미리 말릴 수도 없다. 아무것도 모른 채 손님들을 보내고 나면 그 때부터 나는 숨바꼭질을 한다.

물건 찾아 헤매기, 찾은 물건 제자리에 놓기로 혼자만의 놀이 아닌 놀이를 하는 것이다. 그리고 또 하나, 낮잠을 자거나 했을 때는 잠깐이나마 방향감각을 잃는다. 익숙한 공간일지라도 여기저기 툭툭 부딪친다. 이리 쿵 저리 쿵 머리에 혹도 나고, 얼굴에 시퍼런 멍이 들기도 하고.

그렇게 적응하며 조금씩 희망을 키워가던 나는, 어느 정도 일상이 익숙해지면서부터 답답하고 지루한 하루하루가 참기 어려워졌다. 아침부터 밤까지, 24시간의 긴 하루 동안 할 일이 없었던 것이다.

연주자로서의 길을 포기한 후에도 꿈속에서는 여전히 연주하는 내 모습이 보였고 관객들의 환호에 놀라 깨기도 여러 번이었다. 다시 기타를 집어들었다. 오랫동안 밀어두었던 기타를 다시 손에 든다는 것이 두려움이기도 했지만, 더듬듯 이리저리 만져가며 습관처럼 연주를 할 수 있었다. 하지만 이미 최고의 목표가 사라진 나에겐 최선의 과정이 남아있지 않았다.

게다가 악보를 볼 수 없으니, 그나마 외우고 있던 곡들만 연주할 수밖에 없었고, 하루 이틀 지나면서 더 이상 연주할 곡이 없다는 사실이 나를 더 답답하게 했다. 이럴 줄 알았다면, 실명할 줄 알았다면, 시력이 살아있을 때 한 곡이라도 더 외워둘 걸. 이미 때늦은 후회가 또 다른 좌절로 이어지는 힘든 나날이었다.

또 다른 희망을 향하여 | 11

실망과 절망이 습관이 돼버린 내 모습이었다.

하면 된다는 정신으로 똘똘 뭉쳐있던 소년 시절의 패기에 찬 임임택은, 실명과 함께 사라져버렸다. 무슨 일이든 일단 실망하고 좌절하는 내 모습을 확인할 때마다 실명보다 더한 당황스러움이 나를 두렵게 했다.

'소망도, 목표도 없이 그저 그렇게 매일 이런 모습으로 살 것인가? 다시 시작하자, 일어서자, 최선을 다해보자.'

어차피 다시 사는 삶, 후회 없이 살아보자는 마음은 굳은 결심으로 이어졌고, 나는 시작했다.

점자를 배우기로 한 것이다. 일단 글을 읽을 수 있어야 어떤 교육이든 받을 수 있었다. 점자 배우기는 새로운 일에 대한 도전의식을 심어주었고, 할 일이 없던 내게, 할 일이 되어준 고마운 친구였다.

처음엔 그저 도톨도톨한 느낌이었다. 마치 촘촘히 뚫린 작은 바늘구멍 같았다.

도무지 감을 잡을 수 없었던 점자판을 만지는 내게 선생님은 말씀하셨다. 중도에 실명한 사람은 손의 감각이 둔하기 때문에 점자 배우기가 어려울 수밖에 없으니 조급하게 생각하지 말고 천천히 익히는 게 좋겠다고 말이다.

기본점자를 익히는 데 평균 3개월 정도가 걸린다는 말씀과 함께 사람에 따라 1년 이상이 걸릴 수도 있다는 위로 아닌 위로는 오히려 내게 자극이었다

드디어 할 일을 찾은 나는 새벽부터 밤늦은 시간까지 오로지 점자만 생각하고 연습하며 쓰고 읽었다.

하루 열 시간 이상을 점자와 씨름하면서 손톱 아래 내 여린 피부는 물집이 생기고 껍질이 벗겨지는 남모를 아픔을 견뎌야 했다.

점자는, 왼손으로 읽고 오른손으로 써야 하는데, 오랫동안 기타를 연주했던 나로서는 이미 왼쪽 손가락 끝이 온통 굳은살이었기 때문에 둔해진 왼쪽 손끝으로 점자의 모양을 읽어내기란 거의 불가능한 일이었던 것이다.

그래서 할 수 없이 오른손으로 읽고 다시 오른손으로 써야 하는 불편과 어려움을 감수하며 점자를 익혀야만 했다. 오로지 훈련으로만 가능한 점자. 하루 종일 점자판을 만지고 읽다보면 손끝의 감각이 없어져서 아무 느낌이 없었고, 그럴 때마다 손가락을 깨물어가며 둔해진 감각을 깨우곤 했던 시간들.

다시 살아난 내 안의 독한 근성은, 평균 석 달이 걸린다는 점자는 물론, 점자악보까지도 18일 만에 익히게 했다.

점자를 배우고 점자악보까지 터득하면서 새롭게 눈뜨는 또 다른 세상을 경험할 수 있었다.

다시는 악보를 볼 수 없다는 안타까움이 컸던 만큼, 정안인(정상적인 시력을 가진 사람들)들에게, 악보를 불러 달라고 해서 점자악보로 옮기는 작업을 이어갔다. 그리고 음계마다 손가락으로 만져가며 머릿속에 저장하기 시작했다.

실명으로 세계적인 기타리스트의 꿈은 접을 수밖에 없었지만, 내가 그토록 좋아하는 기타를 다시 연주할 수 있다는 기쁨은 새로운 삶의 또 다른 희망으로 자리하고 있었다.

진정한 프로는 기회를 기다리는 것이 아니라 기회를 만드는 것이다.
진정한 프로는 위기를 찬스로, 실패를 성공의 한 부분이라 생각한다.

다시 찾아오는 기회 | 12

점자를 배우고 다시 기타를 연주하면서 서서히 활력을 찾긴 했지만 내가 할 수 있는 일을 찾기란 쉽지 않았다. 마음 같아서는 당장이라도 다시 연주할 수 있을 것 같았지만 세상은 내 맘 같지 않았고, 모두가 불가능이라고 생각하는 사람들 속에서 무조건 자신할 수만은 없는 일이었다.

'연주가 안 되면 공부를 하자, 그래서 연주자를 키워내면 된다.'

생각이 방향을 잡으면서 맹학교 입학을 준비했고, 스물두 살 늦은 나이였지만, 새로운 인생을 계획한 것이다. 하지만 결국 일주일 만에 맹학교를 그만두었다.

왜냐하면 학교에서는 내가 바라는 지식보다는, 직업훈련 위주의 교육이 진행되고 있었다. 당시로서는 시각장애인들에게 대학진학의 꿈은 너무도 좁은 문이었고, 어렵게 대학에 입학한다고 해도 정안인들과 함께 수업 받기에 아주 열악한 환경이었다. 그러다보니 맹학교의 교육과정이, 대학 진학을 위한 수업이 아닌 취업 위주의 직업 교육으로 이어졌던 것이다.

때론 포기도 방법이라고 했던가. 이건 아니다 싶어 학교를 그만두었고, 이런 저런 궁리로 시간을 보내고 있을 때였다. 실명 전에 함께 연주생활을 하던 후배 2명이 오랜만에 찾아왔다. 시력을 잃은 뒤로 모두 떠나갔지만 그 중 유일하게 가끔씩 나를 찾아주던 후배들이었는데, 방에 들어서자마자 그들이 물었다.

"형, 이 두꺼운 책 이게 뭐예요?"

"아, 그거 내가 만든 점자악보야."

나는 자랑스럽게 점자 악보로 새로 외운 곡들을 연주했다. 그 때, 후배들의 표정을 볼 수는 없었지만, 절망에서 희망으로 옮겨진 내 모습에 감탄하는 눈치였다. 연주 내내 숨 죽여 듣던 후배들은 그저 박수로 나를 축하하고 격려하고 있었다.

"형! 요즘 다시 무대에 서는 거예요?"

"아니, 그냥 집에서 연습하고 있어. 악보도 못 보는데 어떻게 연주활동을 하냐."

그러자 후배들은 잘 됐다는 듯이 빠르게 말을 이어갔다.

"형! 사실 어려운 부탁하러 왔어요."

난 웃으며 말했다.

"앞도 보지 못하는 사람에게 어려운 부탁을 하면 어떻게 하냐? 쉬운 부탁도 못 들어 줄 텐데."

그러나 후배들은 자신감에 찬 목소리로 내게 부탁 아닌 부탁을 하고 있었다.

"저희와 함께 무대에 서주세요."

무대에 서 달란다. 연주를 하잔다.

간절히 바라는 일이지만 감히 꿈꾸지 못했던 일을 내게 찾아와 말하고 있다. 가슴이 뛰기 시작했다. 긴장된 마음에 손가락을 접었다 폈다 설레고 저린 마음을 애써 가다듬고 있었다. 덥석 손을 잡기엔, 혹시 모를 실망이 두려웠을까? 나는 떨 듯이 기쁜 마음을 감춘 채 퉁명스럽게 한마디 던졌다.

"장난하냐? 내가 어떻게 연주활동을 할 수 있겠어, 악보도 못 보는데."

그러나 그들은 나보다 더 흥분하고 있었다.

"형! 지금처럼 점자악보로 만들어서 외우면 되잖아요. 형은 연주 경력이 많으니까 아는 곡도 많을 테고, 문제없을 거예요."

난 이미 무대에 선 듯했다.

내게 다가온 또 한 번의 기회라는 생각에, 그동안 애써 잠재운 숨은 열정이, 할 수 있다는 용기로 꿈틀대고 있었다.

"너희가 연주하는 곡이 몇 곡이나 되는데……."

"좀 많기는 한데. 연주곡만 150곡이요."

"150곡? 언제까지 외우면 되는데?"

"6개월 뒤에 새로운 나이트클럽에서 일하기로 했거든요. 형이 필요해요."

내가 다시 무대에 설 수 있다는데. 관객 앞에서 연주를 할 수 있다는데. 더 이상 망설일 이유가 없었다.

그 날 이후, 한가했던 일상이 다시 바빠졌다. 연주할 150곡을 점자악보로 만들고 부지런히 연습해야 했다. 악보를 외우는 것만이 내가 살 길이라는 절실함으로 최선을 다했다. 최선을 다하는 만큼 힘들었고 힘든 만큼 지치기도 했다. 그리고 한 번씩 고개를 드는 부정적인 생각들이 나를 괴롭히기도 했다.

'애들이 혹시 불가능한 일을 시킨 게 아닐까? 할 일없이 집에 있는 내가 안쓰러워서, 기타나 치면서 시간이나 보내라고 그저 인심 쓰듯 빈말 한 게 아닐까?

사실 다시 연주할 수 있다는 말에 너무 흥분한 나머지 무려 150곡이나 외워야 한다는 말을 너무 가볍게 자신했다는 생각이 든 것이다.

하지만, 내겐 다른 선택이 없었다. 혹시 그럴지라도 일단 믿어보자는 간절함이 나를 더 연습에 몰두하게 했다. 끝난 줄 알았던 연주자의 생명을 다시 찾을 수 있는 기회를 괜한 의심으로 물거품이 되게 할 수는 없었던 것이다.

150곡을 머릿속에 저장해야 하는 벅찬 부담은, 6개월이라는 긴 시간을 순간으로 느끼게 했고, 약속된 날짜에 다시 나타난 후배들은 내게 물었다.

"형, 몇 곡이나 외웠어요?"

나는 고개를 숙일 수밖에 없었다.

"미안하다."

"형, 왜요?"

"내 손 끝 좀 봐. 이렇게 피멍이 들도록 외었지만 아직 120곡밖에 못 외웠어."

후배를 포함한 일행들은 동시에 소리쳤다.

"예? 120곡이나 외웠다고요?"

"120곡밖에 못 외웠는데 왜 놀라니? 150곡을 외우기로 했잖아!"

"어, 아닌데 형! 우리가 언제 다 외우라고 했어요?"

"너희가 그랬잖아."

"형! 새로운 나이트클럽에서 연주를 시작하는 날짜가 6개월 뒤라고 했지. 그 동안 150곡을 다 외우라고 말씀드린 적은 없는데요?

일단 60곡 정도만 외우면 같이 연주할 수 있고 나머지는 연주 활동 하면서 외워도 되는데. 와우, 역시 대단하시네요."

감탄하는 후배들에게 나는 말했다.

"내가 다시 살아나는 길인데, 무슨 일인들 못하겠니. 내겐 단순한 암기가 아니라 처절한 삶인 거야."

어쨌든, 지난 6개월 동안의 피나는 노력은 내가 그토록 바라고 원 하던 무대연주의 기회로 다시 찾아왔다.

아마추어 인생은 불가능한 일을 만나면 해 보지도 않고 포기하지만 진정한 프로의 인생은 불가능한 일을 만날지라도 포기하지 않고 일단 도전한다.

프로는 자기 일을 생명처럼 사랑해야 한다.
노력만이 환경을 변화시키며 노력만이 삶의 기회를 만든다.

홀로 쓴 면사포

　실명하기 전 내가 활동했던 1960년 후반에는 미8군 출신의 연주자가 인정을 받았던 시대였다. 이유는 당시 미8군 출신들의 실력이 워낙 뛰어났기 때문에 미8군 출신이라는 타이틀은 곧 최고의 연주자로 통할 만큼 무조건 인정했었다. 그러다보니 미8군 출신이라면 어떤 업소에서든지 대환영이었고, 아주 좋은 조건으로 연주 생활을 할 수 있었다.

　아마 후배들이 굳이 나와 함께 연주하려 했던 이유도 내가 미8군 출신이었기 때문이었을 것이다. 더구나 열일곱 어린 나이에 참가했던 전국 기타대회 2등의 영광은 내게 연예협회 회원증을 부상으로 안겨주었고, 연예협회 회원증은, 야간업소에서 일할 수 있는 가장 확실한 신분증이기도 했다.

회원증 없이 연주 활동을 하다가 적발이 되면 악기를 노동청이나 연예협회에서 압수해가던 시절이었기에, 회원이 아닌 연주자들은 늘 불안한 무대 생활이었던 것이다. 하지만 늘 좋을 수만은 없었다.

때로는 업소 측에서 실명을 한 나를 거론하면서 악보도 못 보는데 어떻게 연주를 하냐고 무조건 거절하는 경우도 있었는데, 그럴 때면 오히려 나보다 후배들이 분통을 터뜨리기도 하고, 심지어 어떤 후배는 "싫으면 그만 두시지요. 아마 후회하실 겁니다." 라고 말하고는 뒤도 돌아보지 않고 내 손을 잡아끌고 업소를 빠져 나오기도 했었다.

스물두 살부터 스물여섯 살까지, 4년 동안 외운 곡이 약 1천여 곡에 이르렀지만 앞으로 외워야 할 곡들이 끝이 없었다.

계속해서 신곡이 발표되고, 많은 연습을 해야 하는 연주곡부터 업소에서 불리는 팝송, 가요, 국악, 동요, 그리고 만화영화 주제가까지 외워야 할 곡은 끝이 없을 만큼 많았다. 누가 시켜서 하는 일이라면 진작 그만두었을 것이다.

좋아서 하는 일, 하고 싶은 일이 곧 직업이 되는 행운은 아무에게나 오는 축복은 아닐 것이다. 겨우 통금시간에 맞춰 집에 돌아올 수 있었던 지친 몸이었음에도, 한 번도 그냥 잠든 적이 없었다.

순간 잊어버리거나 박자를 놓쳐서 실수했던 곡들을 다시 연주해 보고, 점자 악보를 찾아 몇 번이고 다시 살피고 확인한 후에야 잠자리에 들곤 했었다.

거리에서도 마찬가지였다. 음반 가게 스피커는 내게 좋은 스승이었다. 새로운 멋진 곡이 있으면 그 자리에 선 채로 머릿속에 음을 저장시켰고, 시간 날 때마다 음반을 들으면서 점자 악보를 만들고 외우곤 했다. 그리고 그렇게 이어진 연주는 또 한 곡을 익혔다는 보람이었고, 당당한 자신감에서 오는 깊은 행복이었다.

다시 찾아온 안정의 시기였다. 밤무대 생활 2년 정도가 되면서 제법 기반을 잡을 수 있었고, 부장 직함이었던 아버지가 이사라는 중역진으로 승진하면서 좋은 집과 승용차까지 갖추고 살 수 있었다. 자가용이 흔치 않던 당시로서는 꽤 넉넉한 살림이었던 것이다.

지나고 나면 추억이라더니, 고통의 세월조차 옛말거리로 느껴질 만큼 경제적으로도 편안해졌고, 차츰 생활의 시름에서 벗어나면서부터는 앞 못 보는 아들의 결혼 문제가 우리 집의 가장 큰 걱정이었다. 연주 활동으로 밥벌이는 하고 있다지만, 언제까지 할 수 있을지 늘 불안해 하셨고, 매일 밤 자정이 돼서야 들어오는 아들의 힘든 생활 또한 부모님께는 안타깝고 안쓰러운 일이었다.

더구나 언제까지 당신이 지켜줄 수도 없는 아들을 생각하면 결혼을 서두를 수밖에 없었던 것이다. 어머니는 고향의 친구들을 중심으로 좋은 사람 소개하라는 부탁을 해놓은 상태였고, 어느 날 연락이 왔다.

"우리 회사 비서실에 근무하는 아가씨 친구가 괜찮을 것 같습니다."

"그래요? 어떤 사람인데요?"

"그 친구 어머니도 시각장애인이라네요. 그러니 아드님과 결혼하면 잘 보살펴줄 수 있을 것 같은데."

"어머나, 잘 됐네요. 고마운 말씀이죠. 그 아가씨에게 꼭 부탁한다고 전해주세요."

앞 못 보는 아들의 배필감을 찾고 있던 어머니는, 맞선이 이뤄지길 간절히 바라고 있었고, 며칠 후 자신의 친구를 소개하겠다는 비서 아가씨로부터 연락이 왔다. 우선 자기가 먼저 나를 만나보겠다는 것이다. 집안 형편은 어떤지, 장애가 어느 정도인지, 부모님은 어떤 분들인지, 직접 확인하고 싶다는 게 이유였다.

그리고 나중에 알게 된 일이지만, 사실 가장 궁금했던 것은 실명한 상태의 눈이 혹시 아주 무섭게 생긴 건 아닐까 하는 염려가 가장 컸기에 확인이 필요했다고 한다.

어쨌든 마치 가정방문처럼 집으로 찾아온 그녀는, 이런 저런 얘길 물어보고 살피더니 다시 연락하겠다는 말을 남기고 돌아갔고, 우리 가족은 약속이 정해지기만을 기다리고 있었다.

하지만 일주일이 지나고, 한 달 두 달이 지나는 많은 날이 흐르도록 아무 소식이 없었고, 혹시나 하는 마음에 기대를 접지 않았던 어머니도 서서히 지쳐 갈 때쯤, 그토록 기다리던 소식이 전해왔다.

"처음엔 단순하게 생각해서 친구를 소개하려고 했는데, 곰곰이 생각해보니 소개해줄 수 없겠답니다."

"왜요? 무슨 문제라도 있는지, 우리 애가 마음에 안 든대요?"

"아뇨, 직접 보니까 자제 분도 괜찮고 가정 형편도 좋고 부모님도 훌륭하신 거 같다고 하던 걸요."

"그런데 왜?"

"시각장애인 어머니를 돌보느라 어린 시절부터 고생한 친구에게 결혼할 상대마저 앞 못 보는 사람을 소개한다는 건 친구에게 너무나 큰 짐을 지우는 것 같다고 하네요."

들고보니 이해할 수 있을 것 같았다. 졸라서 되는 일도 아니고, 실망한 부분도 없지 않았지만 어쩔 수 없는 일이라는 생각에 마음을 접어야만 했다. 그런데 믿을 수 없는 뜻밖의 말이 이어졌다.

"그 때 찾아왔던 저희 회사 비서 아가씨, 얼굴 기억하시죠? 자제 분 결혼 상대자를 소개해 주겠다고 했던 우리 회사 아가씨가 이렇게 말하네요."

"무슨?"

"그 친구를 소개할 순 없지만, 총각과 부모님만 좋으시다면 친구를 대신해서 자신이 자제 분의 손과 발이 되어주겠답니다."

친구 대신 결혼을 하겠다니! 단 한 번 만난 남자와 결혼을 하겠다니. 믿기 힘든 말은 계속되었다.

직장 때문에 서울에서 혼자 생활하고 있던 그녀가, 자신의 집에는 알리지 않고 결혼식을 하겠다는 얘기였다. 타고난 착한 심성이 희생과 연민으로 이어졌을까? 중도실명이라는 커다란 불행을 이겨낸 내게 주신 더 큰 축복이었을까! 아내는 내게 그렇게 천사처럼 다가온 반쪽이었다.

무남독녀 외동딸로 귀하게 자란 아가씨가 앞을 보지 못하는 나를 위해 평생 손과 발이 되겠다는 결심을 하기까지 얼마나 힘들었을까! 친정에서 결혼을 반대할 것은 너무도 당연한 일이었기에 상처받을 나를 배려해서 자신의 부모님께 알리지 않고 결혼하겠다는 그 마음이 어디 쉬운 일인가! 일주일의 약속이 석 달째 이어지도록 얼마나 갈등하고 고민했을지 짐작할 수 있었다.

뒤늦게 들은 얘기지만, 아내는 나와의 결혼을 결심하기까지 고민과 갈등이 컸다고 한다. 고등학교를 졸업하고 서울에서 직장 생활을 하고 있던 그녀였기에 이미 중매가 들어오고 있었는데, 평소 수

녀가 되고 싶은 생각을 하고 있던 그녀는 집안을 통해 들어오는 맞선을 이런 저런 핑계로 모두 거절하고 있었다.

당시 좋은 글들이 많이 수록되어 있던 《샘터》와, 《진주》 등의 잡지를 정기구독 하면서 더불어 사는 삶에 대해 깊이 생각하고 있던 그녀에게 나와의 만남은, '내가 도움이 될 수 있다면…… 내가 감당할 수 있을까?' 를 고민하게 했고, 결국 나를 받아들이는 것으로 스스로 결정하게 했다는 것이다.

하지만 시골에 계신 어머니가 걱정이었다. 유복자인 그녀를 혼자 몸으로 키우신 어머니께 도저히 말씀 드릴 용기가 나질 않았고, 할 수 없이 일단 알리지 않고 결혼하는 것으로 결심하면서 그녀는 끙끙 앓아야 했다. 이유 없이 온몸이 퉁퉁 붓는 증세가 나타나기 시작한 것이다. 하루 이틀 지나면 괜찮아지겠지 대수롭지 않게 여겼는데 날이 갈수록 심해져서 볼거리 환자처럼 턱까지 퉁퉁 붓는 증세로 이어졌던 것이다.

덜컥 겁이 난 그녀는 병원을 찾았고 의사는, 이해할 수 없다는 듯 고개를 저으며 말했다. '아니 처녀가 무슨 고민이 많아서 홧병이 생겼냐 고. 홧병. 그랬다.

고향인 경남 남해에서 대문만 열면 바다가 보이는 곳에서 살면서도 귀한 딸 혹시 사고라도 날까봐 바닷물에 발조차 담그지 못하게 했던 어머니였다. 그런 어머니를 뒤로 한 채 도둑 결혼을 해야 하는 심정이 어떠했을까.

가슴으로 삼킨 눈물이 온몸의 부기로 나타나는 건 어쩌면 당연한 일이었을 게다. 그럼에도 불구하고 그녀는, '당신의 눈이 되어 드리겠다'는 결심을 꺾지 않았고, 1975년 3월 10일, 서울의 한 예식장에서 결혼식을 올렸다. 아내의 친정에서는 결혼 사실조차 모르는 쓸쓸한 결혼식이 진행된 것이다. 20대 초반의 어린 나이에 가족의 축복을 포기한 채 홀로 면사포를 써야 했던 아내의 심정. 희생과 사랑으로 채워진 아내의 깊은 애정은 결혼생활 30년이 지난 지금도 가슴 저린 감동으로 간직돼 있다.

진정한 프로는 생명의 연장을 위해서
언제나 성장과 열매 맺기에 구준히 힘써야 한다.

사선을 넘었던 마지막 순간

신혼 살림을 시작했을 때 아버지는 서울 본사 업무 외에도 대전 공장 일 때문에 줄곧 대전에서 생활하셨고, 서울 우리 집에는 어머니와 3명의 동생이 함께 살고 있었다. 그러니 둘만의 아기자기한 신혼 생활은 기대할 수조차 없었고, 대전과 서울을 오가던 어머니를 대신해 아내가 집안 살림을 꾸려야 했다.

아버지는 그런 아내를 하늘이 보내준 천사처럼 여겼고, 그 마음은 지극한 며느리 사랑으로 나타났다. 어쩌다 외국 출장이라도 다녀오실 때면, 바쁜 일정 중에도 어머니와 아내의 선물만은 챙겨 오셨다.

"봄바람에 얼굴 망가진다. 이걸 써라."

평소 말씀이 없으시고 무뚝뚝한 아버지가 며느리에게 슬쩍 내밀던 양산 선물은 아내에게 더할 수 없는 감동으로 전해졌고, 아버지의 정성이 담긴 그 작은 선물을 20년 이상, 낡아서 도저히 사용할 수 없을 때까지 쓰고 다녔고, 지금도 소중히 간직하고 있다.

결혼 1년 후. 모두가 바라던 아내의 임신소식이 전해졌다.

"아가 고맙다. 고맙다."

아버지와 어머니는 목이 메이는 듯 고맙다는 인사만 자꾸 반복하셨다. 한없이 기쁜 마음이었지만 그럴수록 아내에겐 숨은 그리움이 고개를 들고 있었다.

조심스럽게, 아내는 울먹이며 친정에 알려야겠다고 말했다.

무거운 고향길이었다. 서울에서 직장에 잘 다니고 있는 줄만 알았던 무남독녀 외동딸의 결혼과 임신 소식에 장모님은 정신을 잃고 쓰러지셨고, 사흘이 지나서야 조금이나마 기운을 차릴 수 있었다. 이미 엎질러진 물이고, 당신이 그토록 사랑하는 딸의 결정이기에 이해하고 인정하자는 마음이셨으리라.

장모님은, 만삭의 몸으로 친정을 찾은 아내와 나를 담담하게 맞아주셨고, 잘 살아야 한다는 당부와 함께 딸과 사위를 인정해주셨다. 아내의 존재만으로도 내겐 행복이었다. 실명 이후 처음 느껴보는 편안함은 힘든 밤무대 생활조차 수월한 일상으로 적응케 했고, 건강한 첫 아들의 탄생은 더 이상 바랄 게 없는 축복이었다.

하지만 행복은 길지 않았다. 내겐 아직도 남은 시련이 있었나보다. 한 가정의 가장으로, 아이의 아빠로, 그리고 내 아내의 남편으로 제법 익숙해질 무렵의 스물여섯 어느 여름날이었다. 음식을 먹을 수가 없었다. 음식물이 들어가면 따끔거리고 아프고 구멍이 패인 듯도 하고, 이상했다. 처음엔 '피곤해서 혓바늘이 돋았나?' 생각했지만, 입안과 혀 전체가 마치 송곳으로 구멍이 패인 듯 여기저기 깊은 상처로 덧나고 있었다.

입과 혀만 그런 게 아니었다. 온몸에 고름이 든 종기가 생기는 무서운 피부염이 나를 고통 속으로 몰아넣었고, 피부염, 구내염이라는 듣기도 생소한 진단은 당시에는 병명조차 몰랐던 '베체트 합병증'이었다. 그리고 스물한 살에 시력을 상실한 직접적인 원인도 결국, 베체트 합병증이었음을 알게 되었다.

베체트병은 완치가 어려운 난치병이다. 증세가 심할 경우 생명이 위험할 정도의 무서운 병인데, 21세기에 들어선 지금까지도 정확한 원인이나 치료법을 밝혀내지 못하고 있다. 실명과 관절염, 피부염, 구내염, 고혈압 등의 증세로 나타나기도 하고, 출혈이 있을 경우 지혈이 잘 되지 않는 심각한 상황으로 이어지기도 한다.

돌이켜보면, 스물한 살 때 시력회복을 위해 수술대 위에 누웠을 때 비정상적일 만큼 출혈이 컸던 것 역시 베체트병이 원인 중 하나였던 것이다. 예기치 못한 죽음의 그림자가 서서히 다가오고 있음을 직감했다. 손바닥과 발바닥을 제외한 온몸 구석구석에 피고름이 맺히면서 누울 수도, 앉을 수도 없는 고통에 엉엉 울 수밖에 없었고, 온 몸에 퍼진 상처 때문에 그나마 겨우 서 있는 자세로 억지로 견뎌내고 있었다.

하지만 한계였다. 사람이 하루 종일 서서 살 수는 없는 노릇 아닌가. 게다가 마치 송곳으로 뚫은 것처럼 깊게 패인 혓바닥의 상처는 음식은 물론 물을 마실 때조차, 마치 칼로 베이는 듯한 끔찍한 고통으로 신음케 했다. 눕지도, 앉지도, 먹을 수도 없는 최악의 상태가 계속되었고, 투병의 시간이 길어질수록, 포기가 유일한 방법인 듯 했다. 그렇게 나조차 지쳐 쓰러지던 그 때, 끝까지 포기하지 않고 곁을 지켜 준 단 한 사람이 있었다. 아내였다.

무더위가 기승을 부리던 한 여름 날씨는 아내를 더욱 바쁘게 했다. 행여 욕창이라도 생기지 않을까 하루에도 몇 번씩 온몸의 상처를 씻고 소독하며 이리 저리 돌려 눕혀야 했고, 도무지 음식을 씹을 수 없는 구멍 난 입 속 고통을 부드러운 죽과 보리차로 달래주었다.

매일 밤 뜬눈으로 밤을 지새우면서도, 대신할 수 없는 고통에 숨죽여 우는 아내의 깊은 슬픔을 느끼면서도 따뜻한 위로의 말 한마디 할 수 없었다. 금방이라도 숨이 멎을 것 같은 죽음의 공포에 극도로 예민할 수밖에 없었던 것이다.

피고름 투성이인 내 몸에선 썩은 냄새가 진동했고, 어쩌다 상처가 스치기라도 하면 나도 모르게 비명을 지르며 그나마 멀쩡한 손바닥으로 벽을 두들기며 소리치곤 했다. 차라리 죽는 게 나았다. 얼른 죽고 싶었다. 몸부림치며 애원하듯 말했다.

"나를 죽여줬으면 좋겠다. 제발 차라리 죽고 싶다."

그 때였다. 한참을 말없이 지켜보던 아내가 호통치듯 말했다.

"이대로 죽으면 억울하잖아요. 이렇게 약한 사람이었어요?"

아내는 나의 의식이 희미해질 때마다 흔들어 깨우며 포기하지 말라고 애타게 설득했고, 천사 같은 아내의 처절한 눈물 앞에 난 차마 삶의 끈을 놓을 수도 없었다.

희망은 절대 먼저 등 돌리지 않는다고 했던가! 간신히 버티고 있던 전쟁 같은 하루하루 속에 기적이 일어나고 있었다. 시간이 흐르면서 신기하게도 피고름의 상처가 멍울로 변해가고 구내염도 호전되었다. 여전히 고통스러웠지만 간신히 식사를 할 수 있을 정도까지 회복된 것이다. 의학적으로도 설명할 수 없는 분명한 기적이었다.

견뎌낸 고통에 비하면, 남은 통증은 기꺼이 이겨낼 수 있는 작은 상처에 불과했다. 그렇게 집에서 세월을 보내던 어느 날이었다. 지루한 일상에 풀 죽어 있던 내게 아내가 조용히 말을 건넸다.

"다시 무대에서 연주생활을 하면 어떨까요? 연주에 몰두하다 보면 잠시라도 고통을 잊을 수 있을 텐데."

기분을 살펴가며 조심스럽게 이야기하는 아내의 권유에, 나는 결심했다. 연주하다 다시 쓰러지는 일이 있더라도 더 이상 아내에게 연약한 모습을 보이지 않겠다고 말이다. 비록 세계적인 기타리스트의 꿈은 사라졌지만, 기타는 여전히 내 몸의 일부나 마찬가지였고 앞을 보지 못하는 내게 유일한 취미이자 직업이었다.

나는 한동안 밀어두었던 점자악보 만드는 일에 최선을 다 했고, 아내의 헌신적인 정성과 후배들의 도움으로 다시 밤무대 연주 생활을 하게 되었다. 여전히 반복되는 연주 생활이었지만, 확실히 다른 느낌이었다. 다시 찾은 생명이 준 분명한 교훈이 있었다.

'오늘의 이 하루가 내 생애 마지막 날일지도 모른다.'

'지금 외우고 있는 점자 악보가 마지막 곡일지도 모른다.'

1972년 3월 5일, 그저 그런 일상의 하루로 시작한 그 날의 아침 태양이 내 인생의 마지막 태양이었던 것처럼, 오늘 이 하루의 삶이 내 생애의 마지막 날이 될지도 모른다는 간절함은 언제나 최선을 다하게 하는 내 인생 최고의 스승으로 자리잡고 있다.

🎵 걸어다니는 악보 | 15

병마와 씨름하는 중에도 연주 생활은 계속 되었고, 매일 저녁 통증을 잊기 위해 나는 술을 마셨다. 술기운을 빌어 잠을 청하는 고통의 날들이 일상처럼 반복되고 있었다. 하지만 내가 결코 주저앉을 수 없었던 것은 고통조차 잠재울 만큼의 기특한 내 아이들이 있었기 때문이다.

언제였던가.

큰아들 녀석이 서너 살 쯤 되었을 때였다. 평소처럼 그림책을 읽고 있던 아이가 뭔가 이상했다. 신기하리만큼 또박또박 잘 읽어 내려가던 아이였는데, 그날따라 읽는 속도가 왠지 느리고 더듬거리기까지 했다. 아들은 책을 손으로 만져가며 읽고 있었던 것이다. 시각 장애인인 나처럼. . .

앞 못 보는 아버지가 하는 대로 아들은 동화책에 손을 얹고 읽고 있었다. 난 아이를 끌어안았다. 그리고 아이에게 작은 소리로 천천히 말했다.

"아빠는 눈이 안 보이니까 손으로 읽는 거야. 너는 안 그래도 돼."

천진한 아이는 신기하다는 듯 말했다.

"아빠, 하나도 안 보여? 엄마도 안 보여? 나도 안 보여? 책도 안 보이고 글자도 안 보이고, 정말 하나도 안 보여? 에이 거짓말, 근데 어떻게 걸어 다녀? 아빠 날 보세요. 내가 지금 웃고 있게, 안 웃고 있게?"

아이는 재밌는 놀이라도 하듯 계속 질문하고 있었다.

"아빠는 안 보여. 잘 생긴 네 얼굴도 안 보이고 예쁜 엄마 얼굴도 안 보이고. 아빠는 눈이 안 보여…… 우리 잘 생긴 아들 얼굴을 한 번만이라도 볼 수 있으면 좋을 텐데……."

아이가 말이 없었다.

조금 전까지 신기한 듯 거짓말이라며 믿지 않던 아이가 웬일인지 말이 없었다.

그런데 품에 안겨있던 아이의 작은 어깨가 흔들리고 있었다. 떨리는 목소리로 훌쩍이며 말했다.

"아빠, 괜찮아요. 내가 가르쳐 줄게. 아빠, 손 줘봐. 자, 이건 내 눈이고, 여긴 코, 여기는…… 입이야. 알겠지? 눈으로 안 보이면 손으로 보면 되잖아."

씩씩하게 힘주어 말하는 내 아이가 나를 위로하고 있었다. 그 작은 손으로 내 눈을 조심스럽게 만지기도 하고 내 어깨를 토닥이기도 하고. 그렇게 시간은 흐르고, 세월은 어느 새 나를 서른 살, 30대의 길로 접어들게 했다.

나이트클럽에서의 연주 생활이 8년째 이어지던 때였다.

8년의 세월은 내 머릿속에 2천 200여 곡의 악보를 저장하게 했고, '걸어다니는 악보'라는 별명을 안겨주었다. 하지만 악보를 외우는 일에도 한계가 있었다. 워낙 많은 노래를 외우다보니 가끔 헷갈리기도 했고, 순간 머릿속이 하얘지는 듯한, 멍한 상태도 있었다.

그리고 무엇보다 8년 동안 외워온 암기의 시간들이 싫증도 나고 회의가 들었다.

뭔가 변화가 있어야 하는데, 무조건 막연하게 그만둘 상황도 아니었다. 그나마 연주 생활은 나의 유일한 취미였으며, 우리 네 식구의 생계가 달린 유일한 직업이었기 때문에 싫든 좋든 어쩔 수 없이 기타를 메고 무대에 올라야 했다.

그 무렵이었다.

큰아이가 초등학교 입학을 앞두고 있었는데, 그 시절에는 생활환경조사서라는 것이 있었다. 부모의 학력, 아버지의 직업, 집은 전세냐 월세냐, 전화는 있는가, 자가용, 피아노는 있는지 등등 입학한 아이들을 상대로 경제적·문화적 수준을 조사하는 것인데 일일이 손을 들어야 하는 아이뿐 아니라, 부모 입장에서도 상당히 자존심 상하는 일이었다.

어쨌거나 이제 내 아들도 생활환경조사서를 써야 할 텐데, '아버지 직업' 란에 뭐라고 써야 할지 그 또한 걱정이었다. 나 역시 어린 시절 가슴 아픈 기억이 있었기에 염려가 더했는지도 모른다.

아버지 직업란을 당당하게 쓸 수 없었던 공동묘지 산동네 시절의 생활환경조사서는 나를 괜히 주눅 들게 했고, 변변한 직업이 없었던 아버지를 원망하기도 했는데, 이제 내 자식에게도 똑같은 아픔을 주어야 한다는 사실이 나를 견딜 수 없게 했다.

나는 용기를 내야 했다. 자식에게 부끄럽지 않게, 자식에게 짐이 되지 않기 위해서도 나를 발전시켜야 했다. 내가 할 수 있고 아는 것은 음악뿐이었고, 평소 하고 싶은 일이었기에 도전해보기로 했다. 공동묘지 동네에서 처음 접한 기타와의 17년 인연을 연주가 아닌 다른 방법으로 방향을 잡았다. 점자악보를 만들면서 막연하게나마 생각하던 일, 그것은 곡을 만드는 작곡과 편곡이었다.

하지만 오랜 시간과 노력이 뒤따라야 하는 힘든 일이었다. 특히 그럴 처지가 못 되는 형편이었고, 설령 공부를 다 하고 실력이 갖춰진다 해도 과연 누가 내게 편곡을 할 수 있는 기회를 줄 것이며, 내가 점자로 편곡을 해놓은 것을 악보에 옮겨줄 만한 사람 또한 누가 있겠는가. 생각할수록 산 넘어 산이었고, 무모한 도전이라는 생각을 지울 수 없었다. 그런데 고민하고 갈등하던 내게 용기가 되는 삶의 큰 변화가 기다리고 있었다.

우연한 기회에 아이들을 교회에 보내기 시작한 아내가 아이들과 함께 교회를 나가겠다고 선언한 것이다. 도대체 교회에서 뭘 가르치는지 교육 차원에서라도 가야 한다는 게 이유였고, 마침 아내를 전도하기 위해 기도하고 있던 이웃 아주머니가 전도대회 참석차 오신 미국인 목사를 우리 집으로 모시고 들어왔다.

낯선 사람들의 방문, 그것도 흔히 말하는 예수쟁이들의 느닷없는 방문은 불쾌하기 짝이 없었고, 괜한 심통에 일부러 쾅 소리가 나도록 문을 닫았다.

하지만 아내는 달랐다. 마음을 다해 말씀을 전하는 미국인 목사의 진심어린 태도를 보면서, 도대체 예수가 뭐길래 말도 통하지 않는 남의 나라에 와서 열심히 일하는지 감동한 눈치였고, 예수에 대한 호기심에 바로 그 날 저녁부터 집회에 참석하고 있었다.

단 한 번의 전도로 아내의 마음을 움직이게 한 그 무엇! 내겐 놀라운 충격이었다. 사실 나도 친구나 이웃으로부터 수차례 전도 대상이 되었지만, 예수가 밥 먹여 주냐는 말로 거절하곤 했었는데, 당시 아내의 근거 없는 확신은 말릴 수도 없을 만큼 확고했다. 그리고 아내의 신앙을 반대할 수 없었던 또 하나의 이유는 나의 이기적인 기대도 한 몫 했음을 고백한다.

앞을 보지 못하는 나와 결혼한 더없이 착한 아내가, 교회까지 나가게 되면 내게 더 착해질 거라는 …….

그런데 일요일 하루만 아내를 양보하면 되는 줄 알았던 내가 당황할 수밖에 없는 일이 발생했다. 새 신자 과정이라는 이름으로 일주일에 한 번씩 일 대 일로 성경을 공부하는 시간이 있었는데, 아내는 집에서 하기로 했다는 것이다. 그리고 일 대 일 선생님이 오시던 날, 나는 깜짝 놀랐다.

아내가 여자이니 당연히 가르치는 사람도 여자라고 생각했는데 뜻밖에도 남자 전도사가 우리 집을 방문했고, 전도사의 목소리가 어찌나 크고 우렁차던지 앞을 볼 수 없는 나로서는 알 수 없는 경계심에 두려움이 더해지면서 억지로 퉁명스러운 인사로 불쾌함을 표현하고 있었다.

그런 내 마음을 알았을까? 전도사는 내게 부탁 아닌 부탁을 했다.

"선생님, 성경공부를 가르치는 저는 남자이고 배우는 자매는 여자이니 저희 둘만 있으면 불편하니까 같이 계시죠. 성경공부도 할 겸 감시도 할 겸."

전도사는 그런 이유로 내가 성경공부에 동참하기를 권하고 있었다.

잘됐다는 생각으로 얼떨결에 함께 하게 되었는데, 나중에 알고보니 남자 전도사를 모시고 온 것은 내게 신앙을 갖게 하려는 지혜로운 아내의 묘안이었다.

그렇게 시작된 성경공부가 어느덧 석 달이 지나고 내게도 신앙이 자리잡고 있음을 깨닫게 되었다. 일요일이면 어느 새 교회 갈 준비를 하는 내 모습에 스스로도 놀랄 만큼 교회 가는 일이 즐겁고 좋았다.

신앙이라고 말할 수도 없을 만큼의 얕은 믿음이었지만, 담배 연기 속 컴컴한 밤업소에서의 연주 생활이 조금씩 죄의식으로 자리잡기 시작했고, 신이 주신 좋은 재능을 유흥의 도구로 쓴다는 게 점차 힘들어졌다. 여러 날 고민하던 나는 결국, 별다른 대책도 없이 함께 연주하는 후배들에게 날벼락 같은 선언을 하고 말았다.

"나 이제 연주 생활을 정리한다. 다른 사람 구해봐."

"형, 왜요? 그럼 우린 어떻게 해요. 그리고 그렇게 고생하면서 외운 게 아깝지 않아요? 지금 외우고 있는 곡만 갖고도 몇 년은 더 편안하게 연주 생활할 수 있잖아요!"

물론 그랬다.

결코 짧지 않은 8년이라는 긴 세월동안 2천 200여 곡을 외울 수 있었고, 그것만으로도 앞으로 몇 년은 편하게 연주할 수 있었다.

하지만 그럼에도 불구하고 결심한 어려운 내 결정에 후배들은 진심으로 축복해 주었다. 숨은 미련조차 던져버리려는 굳은 의지는 내 삶의 분신과도 같았던 기타를 처분하는 것으로 다짐하고 있었다.

인생의 또 다른 길이 열리는 순간이었다.

종착역이 없는 고독한 출발

16

새로운 삶을 시작하기에 결코 쉽지 않은 서른 한 살의 나이.

그러나 용기를 내야 했다. 나 자신을 위해서, 그리고 늘 기도하는 아내와 아이들을 위해서 다시 일어서야 했다. 언제나 가슴 한구석에 자리 잡고 있던 작곡과 편곡의 꿈에 도전하기로 했다. 하지만 시작도 하기 전에 벽에 부딪치고 말았다.

평소 나는 오케스트라 반주에 관심이 많았는데, 오케스트라 편곡을 제대로 하려면 최소한 음대 작곡과에서 4년 과정을 공부해야 했고, 그것은 현실적으로 거의 불가능한 일이었다.

당시만 해도, 시각장애인이 대학에 입학한다는 자체가 기적을 바

138

라는 일이었을 뿐 아니라, 설령 입학을 한다 해도 경제적인 문제에서부터 학교를 오가는 길, 그리고 수업을 받는 일 등 단 한 가지도 수월한 게 없었다. 그렇지만 어느 정도 예상한 일이었기에 쉽게 포기할 순 없었다. 어차피 배우고 익히는 데 있어서 늘 외롭고 힘들었던 나였다. 이번에도 못할 이유가 없었다.

나는 독학을 결심하며 전문서적을 구했고, 아내가 불러주는 대로 책의 내용을 점자로 번역하는 점역 일부터 이어갔다. 내 생애 또 하나의 변화와 도전의 시간이 시작된 것이다. 그런데 점역 작업이 진행될수록, 고민은 커져갔다. 역시 피아노를 다룰 줄 알아야 한다는 생각이 나를 짓누르고 있었다. 편곡을 위해서는 피아노가 필수이자 기본이었던 것이다.

내 인생은 단 한 가지라도 수월하게 넘어가는 게 없는지 잠깐이나마 갈등하고 좌절하기도 했지만, 넘어야 할 산이라면 하루라도 빨리 내딛는 게 낫다는 생각에 마음이 조급해졌다. 시각장애인을 가르칠 수 있는 피아노 선생님을 찾기 시작했다.

피아노를 배우겠다는 의지를 표현할 때마다, 반응은 한결같았다.

"앞도 못 보는 분이 어떻게 피아노 배울 생각을 하세요? 그것도 나이 서른이 넘은 분이. 포기하세요. 불가능한 일입니다. 그리고 그 나이에 피아노는 배워서 어디에 쓰시게요?"

"오케스트라 편곡 공부를 하려고요."

"오케스트라 편곡이요? 피아노를 전공한 저도 못하는 일을 앞도 못 보는 분이 언제 피아노 배워서 언제 오케스트라 편곡을 하시겠어요. 정말 불가능한 일입니다."

마치 나의 꿈을 꺾겠다는 강한 의지라도 있는 듯 거듭 강조하는 피아노 선생님의 부정적인 말투는 오히려 내게 오기로 작용하고 있었다.

나는 스스로 추스르고 있었다. 지난 세월 극복의 시간들을 떠올리며 다짐하고 있었다. 석 달 이상 걸릴 것이라던 점자도 18일 만에, 그것도 악보까지 익혔던 절실했던 시절을 기억하고 있었다. 어쩌면 오늘 아니면 배울 시간이 없을지도 모른다는 절박한 마음으로 결심하고 있었다.

또 다시 시작된 독학의 길이었다.

피아노와의 고독한 싸움이 시작되었고, 점자악보와 건반을 만지며 연습에 연습을 거듭했다.

당장 포기하고 싶은 마음이 하루에도 열두 번이었지만, 나를 지켜보는 아내와 아이들을 생각하면 이대로 주저앉을 수 없었다.

피아노 독학이 한 달 두 달 지나면서 조금씩 실력이 나아지긴 했지만 양 손가락으로 피아노 건반의 위치를 찾아가며 연주한다는 게 여간 어렵지 않았다.

하필이면 왜 내게 이런 시련을 주셨는지…….

순간 서러울 때마다 건반 위로 흐르는 굵은 눈물을 주체할 수 없었다. 비록 앞을 볼 순 없지만, 두 귀로 들을 수 있고, 피아노를 칠 수 있는 두 손, 열 손가락을 주심에 감사하면서도, 뜻대로 안 되는 답답함은 '단 한 번이라도 악보를 볼 수 있다면 얼마나 좋을까' 하는 부질없는 바람으로 잠깐씩 멈춰 서기도 했다. 하지만 누구도 대신 할 수 없는 내 몫의 인생이었다.

당장이라도 포기하고 싶을 만큼 힘들고 어려웠지만, 그래도 피아노를 포기한다는 건 생각조차 할 수 없었고, 피아노 앞에 앉아 있어야 그나마 마음이 편했다.

다른 방법이 없었다. 무조건 외우기 시작했다.

우선 점자로 악보 한 소절을 읽고, 건반으로 손을 옮겨서 한 마디씩 외워가며 연습하고, 또 다시 점자악보의 한 소절을 읽고 또 읽고 건반으로 옮겨가는 이중 삼중의 작업으로 어렵게 한 곡씩 연습하곤 했다. 그리고 더불어 감사한 것은, 내게는 다른 사람에 비해 조금은 뛰어난 청음의 능력이 있었다.

레코드 가게 앞을 지나거나 할 때면 음악을 듣는 순간 기타 포지션이 생각나면서 머릿속에 자동으로 입력되었고, 집에 돌아와 기억을 더듬어 점자악보로 옮기는 일에 어려움이 없었다.

관심이 가는 일엔 그만큼의 능력이 생긴다는 것도 그 때 깨달은 교훈이었다. 하루 여섯 시간 이상의 연습은 두 달 만에 바이엘 교본을 끝낼 수 있었고, 이후로도 계속된 3년간의 노력은 편곡과정과 함께 교회 새벽 예배의 반주자로 활동하는 능숙함으로 이어졌다.

하지만 실력이 향상된 만큼 몸에는 무리였다.

하루 여섯 시간 이상을 연습하다보니 나의 열 손가락은 항상 부어 있었고, 자고 일어나면 항상 뻣뻣하게 굳어 있었다.

과도한 피아노의 연습으로 나의 열 손가락은 베체트 합병증인 관절염으로 악화되었고, 뼈 마디마디에서 저릿하게 느껴지는 통증은 내 몸 안의 약한 아픔으로 자리하고 있다.

삶은 끝없는 도전이다.

시각장애인으로 산다는 건, 정안인보다 두 배 이상의 노력이 필요함을 깨닫는다. 하루 종일 피아노와 씨름하느라 손가락도 힘들었지만 피아노 역시 몸살을 앓아야 했다. 일반 가정에서는 6개월에서 1년에 한 번씩 하는 조율이지만, 나는 최소한 3개월에 한 번씩은 조율을 해야 했다. 그 때마다 조율사의 도움을 받아야 한다는 게 경제적으로 큰 부담이었고, 예민한 내겐 만족할 만한 조율이 아닌 경우도 많았다.

나는 다시 심각한 고민을 하게 되었고, 긴 시간 생각 끝에 조율사에 도전하기로 했다. 하지만 세상 일 쉬운 게 하나도 없다더니 조율역시 만만치 않았다. 내가 생각해도 참으로 고단한 삶이었다. 피아노 뚜껑을 열고서야 알았다. 건반 수와 같이 88줄인 줄 알았던 피아노선이 총 200줄이 넘었는데, 고음은 3줄, 중저음은 2줄, 저음은 1줄로 되었다는 사실을 그 때 처음 알았다. 최선을 다하는 것 이상 다른 비결은 없었다. 열심히 노력했고 부지런히 익혔다.

먹고 자고 조율하는 지루한 일상이 4개월을 지나면서 업라이트 피아노를 어느 정도 조율할 수 있을 정도의 실력이 되었고, 그 후 6개월의 정규 수업을 마치면서부터는 피아노를 직접 조율하게 되었다.

그런데 이게 웬일인가. 정성을 다해 세 시간이 넘도록 조율했지만 이전 여러 조율사의 솜씨와 다를 게 없었다. 크게 실망했고 내가 얼마나 교만했는지 새삼 깨닫는 기회였다. 너무 쉽게 생각한 것이다. 그리고 너무 서두른 것이다.

가장 큰 교훈은 기능적인 조율을 탓할 게 아니라 연주자의 손가락 끝에서 나오는 감각적인 조율이 중요하다는 귀한 경험이었다. 다시 시작한 조율사로의 도전은 미세한 감각을 키워가며 완성할 수 있었고, 이후 주변 사람들로부터 조율 부탁을 받는 새로운 기쁨을 누릴 수 있었다.

피아노 조율과 관련한 잊을 수 없는 일도 있다.

지난 1995년 6월 29일, 삼풍백화점 붕괴로 나라 전체가 충격에 휩싸이던 그 날이었다. 당시 나는 삼풍백화점과 이웃해 있는 서초구 반포의 한 아파트에 살고 있었고, 기업 강의와 교회에서의 신앙 간증으로 바쁜 나날을 보내고 있었다. 언제나 내 스케줄에 따라 운전을 하며 함께 다녀야 했던 아내는, 잠깐씩이라도 틈이 날 때면 백화점에 들러 장을 보곤 했는데, 그 날은 모처럼 오후 강의가 없는 날이어서 쌀도 살 겸 삼풍백화점에서의 쇼핑 계획을 세우고 있었다.

그런데 갑자기 강원도 원주에 있는 북원침례교회의 김목사님께 전화가 온 것이다. 피아노 조율이 급하다는 것이었다.

"목사님, 며칠 후에 가면 안 될까요? 사실은 오늘 백화점에서 쇼핑할 일이 있거든요."

"근데, 내일부터 찬양집회가 시작되거든요. 그나마 오늘 그랜드 피아노가 들어와서 다행이다 생각하고 있었는데……. 원주에서도 얼마든지 쇼핑할 수 있으니 오늘 오셔서 조율해 주시면 안 될까요?"

당시 원주에는 그랜드 피아노 조율사를 구하기가 쉽지 않을 때였고, 워낙 평소 가깝게 지내는 분인데다 무엇보다 나의 실력을 인정하고 멀리서도 찾아주시는 목사님의 부탁이었기에 차마 거절할 수 없었다.

우리는 결국, 삼풍백화점에서의 쇼핑을 포기하고 원주로 향했고, 늦은 오후 다시 서울로 돌아오고 있었다.

그런데 영동고속도로로 진입할 때 쯤이었을까? 교통정보를 들으려고 라디오를 켜는 순간, 뉴스 특보가 전해지고 있었다.

누구도 믿을 수 없었던 삼풍백화점 붕괴사건.

만약 원주에서의 조율이 아니었다면 그 시각, 그곳에서 우리도 백화점에서 쌀을 사고 있었을 시간이었다. 원주의 목사님이, 그리고 피아노 조율이 나를 살린 것이다. 오랜 시간이 지난 지금도 그 때의 가슴 철렁한 순간을 생각하며 새삼 살아있음에 감사한다.

그리고 그 날 이후 원주의 교회는 물론이고, 전국의 여러 대학과 이웃 등 1년에 30대 이상의 피아노를 관리하며 조율사로의 역할을 하고 있는데, 세심하게 음을 찾아가는 조율사로의 작업은 부업이 아닌 봉사로 이어지는 기쁜 일이 되었다.

특히 방문할 때마다 일일이 컴퓨터에 기록하고 저장하기 때문에 특별한 연락이 없어도 적당한 시기가 되면 또 다시 방문해서 조율하는 정기적인 유쾌한 만남으로 계속되고 있다. 어렵게 배운 조율의 능력인데, 나를 위한 재능으로만 사용된다면 그 또한 허무하지 않겠는가. 전국에서 나의 손길을 기다리는 피아노가 있고, 나의 실력을 인정하고 만족하는 사람들이 있음에 늘 감사하고 만족한다.

한 번밖에 없는 인생, 생명력이 없는, 있으나마나한 아마추어
인생으로 살기보다는 어디서나 언제든지 생명력 있는 꼭 필요한
프로의 인생으로 살아야 한다.

진정한 프로는 자기의 한 일에 아름다운 열매와 지울 수 없는
값진 흔적을 남겨야 하는 것이다.

진정한 프로는 경험과 경력을 쌓기 위한 투지뿐 아니라
끈기와 인내가 필요하다.

나를 위해 살면 아마추어 인생이요 남을 위해 살면 프로의 인생이다.

17

🍃 기적의 남자

신앙생활을 시작하면서 내 삶은 전혀 다른 새로운 변화로 자리잡고 있었다. 피아노와 작곡 공부를 하는 틈틈이 찬송가와 복음성가를 외우는 작업을 계속했고, 교회나 단체에서의 선교 활동 역시 게을리하지 않았다. 그렇게 새로운 날의 기쁨이 이어지고 있을 무렵, 많이 호전되긴 했지만, 베체트 합병증으로 인한 구내염과 피부염이 여전히 나를 괴롭히고 있었는데, 또 다른 증세가 나를 긴장케 했다. 지긋지긋한 병마가 다시 시작된 것이다.

무릎 관절염으로 심한 통증을 느낀 나는 시간이 갈수록 증세가 심해지면서 한 걸음도 걸을 수 없는 상태로 발전해갔다. 모든 활동을 중지한 나는 다시 투병생활에 들어갔고, 아내의 간병도 다시 시작되었다. 마땅한 벌이가 없던 당시로서는 입원비는커녕 생활비조차 막막한 형편이었기에 집에서 쉬는 것으로 치료를 대신해야 했다. 생각할수록 온통 절망뿐이었지만, 고난에도 요령이 생기는 것일까! 우린 좌절하거나 절망하지 않았다. 낙담할 시간에 기도하고 있었다.

어차피 현대의학으로는 치료가 불가능한 병이었으므로 오히려 기도가 마음의 안정이었다. 그렇게 치료와 기도로 고통을 이기던 나는, 증세가 호전되는 기적을 경험할 수 있었다. 무릎 통증이 사라지면서 걷기에도 불편이 없었고, 오랜 세월 고통이었던 구내염과 피부염도 시간이 지나면서 나아지고 있었다.

조금씩 걸을 수 있게 되었고, 조심스레 활동을 시작하면서, 미뤄두었던 일렉트릭 기타 성가연주 음반 작업을 시작하였다. 일렉트릭 기타로 찬송가를 연주한 음반은 최초의 성가연주 음반이라는 이름으로 기록에 남겨졌고, 그 무렵 아내가 완성한 성시 〈임마누엘 하나님〉이 복음성가로 만들어지면서 우리 부부의 성가 음반도 탄생했다.

그렇게 다시 안정이 되고 제자리로 돌아가는 듯했다. 하지만 신은 내게 방심을 허용치 않았다. 내 나이 마흔이 되던 해, 내 안에선 또 다른 병마가 자리잡고 있었다.

이번에는 임파선염이었는데, 특히 다리의 임파선이 막혀서 피부가 시커멓게 변색되었고 퉁퉁 붓기 시작했다. 원인도, 증세도, 진단도 다양한 내 안의 질병들. 내 몸의 크고 작은 증상들은 가히 움직이는 종합병원 수준이었고, 웬만한 질병은 원인부터 치료 방법까지 설명할 수 있을 정도로 단련되어 있었다.

무섭지 않은 질병이 어디 있을까.

임파선염을 알리는 의사의 설명은 잔인할 정도로 친절하고 담담했다. 동맥, 정맥과 함께 우리 몸 제3의 순환계인 임파선에 염증이 생기면 신체에 이물질이 고이게 되는데, 심해지면 조직이 상하고 나중에는 신체의 일부를 제거해야 되는 무서운 병이다.

두려운 투병생활이 다시 또 시작되고 있었다. 아내의 손을 잡고는 한숨조차 쉬지 못하고 침을 꼴깍 삼켜가며 애써 진정하고 있을 때, 의사의 망설이는 듯한 긴 호흡은, 다가올 시련을 예감케 했다.

이미 시기를 놓쳤다는 절망적인 진단이 기다리고 있었던 것이다.

　빠른 시간 내에 다리를 절단하지 않으면 염증이 온몸에 퍼져서 생명이 위험하다는 말과 함께, 절단할 부위를 결정하자는 침착한 의사의 엄청난 불행선고.

　정말, 너무도 형벌과도 같은 인생이었다. 원망조차 사치로 느껴질 만큼, 시련이 그치지 않았다. 실명도 모자라, 구내염, 피부염에 관절염까지 겪었고, 이제 그것도 모자라 다리를 절단해야 한다니.

　절망이 깊으면 차라리 포기하는 마음에 담담해지나 보다. 울다 지쳐 잠이 들고, 아침이 되면서 다시 병원으로 향했다. 피를 뽑고 검사를 하고, 지긋지긋하리만큼 익숙해진 병원생활은 처절하기까지 했다. 검사가 끝나고, 의사는 나의 발등을 1센티미터 가량 찢고는 약을 투입했다.

　두 시간이 지나면 절단할 부위를 알 수 있는 특수촬영용 약물이었는데, 대기실에서의 두 시간이 말할 수 없이 초조하고 두려웠다. 두 시간 후면 다리가 잘려 나간다는 생각에 꼼짝할 수 없었다. 비록 전혀 볼 수 없는 처지였지만 그래도 시선은 두 다리로 향하고 있었다.

나는, 아직 감각이 살아있는 두 다리를 확인이라도 하듯 조심스레 발을 움직였다. 왼발, 오른발, 바닥을 향해 한 발씩 내디뎌 보기도 하고 무릎을 굽혔다 폈다 발목을 이리 돌리고 저리 돌리고, 그러다 내 설움에 마치 누가 꽁꽁 묶어 놓은 듯 꼼짝 않고 서 있기도 하고.

'무릎 아래를 절단하게 되나? 설마 무릎 위로 아예 다리 전체를 잘라내야 하는 건 아닐까? 눈도 안 보이는데, 이제는 다리까지 …….'

아침마다 아내와 아이들이 닦아주던 구두, 비록 내 눈으로 직접 볼 수는 없어도 반짝반짝 빛날 것이라고 상상하며 기쁘게 신었던 구두를 이제 다시는 신을 수 없다는 생각에 눈물이 멈추지 않았다. 실감할 수 없는 슬픔 앞에 난 아무것도 할 수 없었고, 기다리는 두 시간이 사막의 아주 긴 여정처럼 길고 두렵고 지친 느낌이었다. 긴장한 탓인지 손가락 관절은 굽힐 수도 없을 만큼 뻣뻣해져 갔다.

말없이 손을 잡아주던 아내는 손가락 하나하나를 주무르기 시작했고, 익숙한 아내의 따뜻한 손길에서 떨림을 느끼는 순간, 나를 향한 측은함에 숨죽여 울고 있음을 눈치 챌 수 있었다.

시간이 얼마나 흘렀을까.

의사가 내 앞에 섰다.

이제 어디를 절단해야 할지 담담한 말투로 의사는 말할 것이고, 다시는 걷지도 서지도 못할 운명을 받아들여야 하는 긴장된 순간이었다. 그런데 의사가 놀라고 있었다.

"참 이상한 일입니다. 아무리 살펴도 어디가 막혔는지 찾을 수가 없네요. 이 정도면 분명히 막힌 곳이 나와야 하는데 말입니다. 어디 다시 한 번 봅시다."

의사 말에 따르면, 퉁퉁 부은 채 시커멓게 죽어가던 다리에 혈색이 돌고 있다고 했다. 임파선염이 낫고 있다는 얘기였다. 거짓말 같은 축복이었다.

당시 나를 담당했던 의사는 임파선염 치료에 있어서 우리나라 최고 권위자였는데, 그 분께 임파선염으로 다리를 절단해야 했던 환자만 해도 500여 명이었다고 한다. 그리고 나는, 다리를 절단하지 않고 걸어서 퇴원하는 유일한 주인공으로, 기적의 남자로 오래도록 기억되었다.

🍎 끝없는 도전'   18

1991년, 다리 절단 위기에서 벗어나면서 내게는, 날아갈 듯 기쁜 삶이 기다리고 있었다. 특히 〈인어 이야기〉를 불렀던 가수 허림 씨의 소개로 가수 선교회 피아노 반주를 맡게 되었는데, 그것을 인연으로 1992년에는 〈어제 내린 비〉의 윤형주, 〈당신의 마음〉의 방주연, 〈그 얼굴의 햇살〉의 이용복, 〈안개〉의 정훈희, 〈인어 이야기〉의 허림씨 등 유명가수와 함께 작업한 나의 작곡 제1집을 출판하기도 했다.

축복은 이어졌다. 우연한 기회에 대학 강단에서 강의를 하게 된 것이다. 내겐 형님 한 분과 누님 한 분이 계시고 아래로 여동생, 남동생이 있는데 남동생 둘은 모두 서울음대 성악과를 졸업하고, 미국 줄리어드 음대와, 맨해튼 대학에서 유학을 했다. 귀국 후 동생들이 대학에서 강의를 시작했고, 그 중 선교를 목적으로 하는 대학의 교수로 있던 작은동생에게서 연락이 왔다.

기타로 연주하는 찬송가와 복음성가 반주법 강의 요청이었다. 강의 경험이 없던 나로서는 망설일 수밖에 없었지만, 대중음악 연주와 기타, 피아노, 작곡에 편곡까지 두루 익힌 내가 적격이라는 학교 측의 긴 설득에 용기를 내기로 했다.

강의 첫날 아침, 아내는 관절염이 걸린 나의 약한 열 손가락을 어루만지면서 말했다.

"열 손가락이 병이 들 때까지 열심히 노력하더니 마침내 대학 강단까지 서는군요. 당신은 정말 인생의 승리자예요. 진심으로 축하해요."

아내와 나는 서로의 눈물을 닦아주며 격려하고 축하했다.

언제나 함께 해준 아내에게 진심으로 감사한 마음이었다.

잠시 긴장했지만, 선천적으로 가르치는 일을 좋아해서인지 강단에 서는 일이 재미있었고, 새로운 의욕이 솟았다. 짧은 한 학기 동안의 초급반 강의가 끝나고, 강의 평가에서 좋은 반응을 얻으면서 중급 과정과 고급 과정까지 맡게 되는 행운이 이어졌고, 대학 강사로의 새로운 삶에 적응하고 있었다.

눈을 가리운 대신 입을 열어주신 것일까? 대학 강의를 시작하면서 기업 강의 요청도 들어오기 시작했다.

1992년, 당시 나는 교회학교 고등부 교사로 봉사하고 있었는데, 함께 일하던 부장교사가, 기업체 교육훈련 분야에서 활동하는 분이었다. 주일 예배를 드리고 나오는 내게 그 분은 아주 가볍게 제안을 하나 했다.

"임택 씨, 하루 시간 내서 강의 한번 해주세요. 임 선생님 살아온 인생 이야기를 있는 그대로만 얘기해 주시면 돼요."

웃으며 얘기하는 그의 갑작스런 요청에 나는 당황했다.

"이제 겨우 나이 사십인 제가 무슨 인생 이야기를 합니까? 제 이야기라고 해봐야 실명하고 점자 배운 거, 악보 외우면서 밤업소 생활하고, 수차례 수술대 위에 누웠던 부끄러운 경험밖에 더 있나요?"

"바로 그겁니다! 그 얘길 해주세요!"

그렇게 해서 나서게 된 첫 강연은, L백화점 직원 연수에서의 특강이었고, 내게 주어진 시간은 두 시간이었다. 하지만 난감했다.

'강의를 듣는 교육생들은 좋은 학벌과 화려한 경력의 소유자들인데 과연 내가 살아온 이야기들을 이해할 수 있을까?'

학업보다는 기타연주로 이어온 밤업소 생활 등 그들과는 너무도 다른 삶을 살아온 나로서는 고민하지 않을 수 없었다. 그들이 크게 공감할 만한 얘기가 없었기 때문이었다.

하지만 진심이 통했는지, 드라마보다 더 처절한 나의 인생이 측은했는지, 그것도 아니면 독하게 살아온 내 결심들이 부러웠는지 어쨌든 좋은 반응이었고, 기업 측에서도 기대 이상이라는 평가를 내리면서 다음 강의 예약이 이루어졌고, 그 날 이후로 다른 기업체에서의 연락이 이어지면서, 지금까지도 전국을 다니며 강의하고 있다. 누군가 붙여준 〈기업연수 전문강사〉 라는 또 다른 이름으로 불리면서 말이다.

하루가 짧았다. 대학과 기업을 오가는 바쁜 일상 속에서, 나는 결단을 내려야 했다. 강단에 선 지 6년의 세월이 흐르고, 그 사이 기업이나 단체에서 강의가 부쩍 늘면서 부득이 휴강을 해야 하는 일이 잦아졌다. 무슨 일이든 최선을 다해 최고의 모습을 보이고자 노력하는 나로서는, 내가 휴강의 이유가 된다는 게 참을 수 없었다.

특히 시각장애를 지닌 나로서는 '역시 장애인은 안 돼, 장애인은 어쩔 수 없어'라는 편견과 선입견을 심어주지나 않을까 염려할 수밖에 없었고, 나로 인해 장애인에 대한 나쁜 이미지가 생길지도 모른다는 생각은, 결국 대학 강의를 거절해야겠다는 결정으로 이어졌다.

대학 강사직을 사임한 이후에도 학교 측의 요청은 계속 되었지만, 온전히 전념할 수 없다는 이유로 나는 거절할 수밖에 없었다. 그리고 그 무렵이었다.

바쁘고 행복한 감사의 날들이 이어지던 어느 날, 아내에게 자궁내막증이라는 진단이 내려졌다. 다행히 초기였기에 수술로 완치될 수 있었지만 당시의 놀란 마음은 지금 생각해도 아찔하다.

수술 날짜가 잡히고 입원과 회복기를 거치는 내내 착한 아내는 늘 미안해했고, 그 마음이 안쓰러웠던 나는 아내 몰래 많이 울었다.

그리고 속 깊은 작은아들의 마음 씀씀이에 또 한 번 울어야 했다.

전국을 다니며 강의하는 나로서는 아내 대신 운전해 줄 수 있는 사람이 필요했다. 난감해 하고 있을 때, 작은아들 녀석이 시간표를 짰다며 병실에 있던 아내와 내게 읽어주었다. 아들과 친구 녀석들이 하루씩 조를 짜서 운전자를 정했던 것이다.

그뿐 아니었다. 성악을 전공한 작은 며느리가 자청하며 동행하고 나섰다. 아버님 안내자로 함께하겠다는 것이었다. 결혼 전부터 우리 부부의 결혼기념일과 생일, 발렌타인데이나 화이트데이까지 기념일마다 꼼꼼하고 자상하게 챙긴 속 깊은 며느리였기에, 아내의 빈자리가 혹시라도 불편할까 염려했던 것이다.

하루 이틀 사흘 나흘, 아내가 몸을 회복할 때까지 며느리와 친구들의 '더불어 효도'는 계속되었고, 두 아들이 군 입대로 집을 비웠을 때도 정성과 배려가 이어졌다. 앞 못 보는 아버지가 혹시라도 아들의 손길이 필요할지 모른다는 생각에 친구들을 번갈아 집으로 파견했던 것이다. 기특하고 대견한 아들과 친구들이었고, 흐뭇한 만큼 속 깊은 아들의 일찍 철 든 마음 또한 미안하고 안쓰럽기도 했다.

돌아보면, 숨 가쁘게 달려온 인생이었다. 세계적인 기타리스트가 되겠다는 결심으로 열심히 노력했던 일. 실명으로 나의 유일한 소망이 사라졌을 때의 깊은 좌절감. 그나마 연주 생명을 유지할 수 있다는 생각에 밤을 새워가며 점자악보를 외우던 일.

그리고 독학으로 피아노를 배우고 조율사로의 자격을 갖추고, 관절염, 구내염, 피부염에 임파선염까지 죽을 고비를 수차례 겪어야 했던 믿기 힘든 고난의 시간들까지, 힘들고 버거운 삶이었다.

언젠가, 학생들이 내게 물었다.

"교수님은 기타도 잘 치시고 피아노에, 편곡, 거기다 미디 음악까지 하시는데, 그 여러 가지 일 중에 어떤 일이 가장 소중하다고 생각하시나요?"

그 때 나는 이렇게 대답했던 것으로 기억한다.

"내가 어떤 일을 하건, 언제나 지금 이 순간에 하고 있는 일을 가장 귀중하게 생각합니다. 지금 이 시간에 강의를 하고 있다면 강의가 가장 중한 일이고, 만일 피아노를 연주하고 있다면 피아노를 연주하는 일이 가장 소중하다고 생각합니다. 왜냐하면 지금 내가 하고 있는 일이 내 생애 마지막 일이 될 수도 있고, 지금 이 시간이 내 생애 마지막 순간이 될지도 모르기 때문이죠."

그 때나 지금이나, 나는 늘 고백하는 심정으로 강단에 선다.

누구나 기회가 있을 때 최선을 다해야 한다는 간절한 마음으로 이야기한다. 어쩌면 삶은 누구에게나 공평한지도 모른다. 누구에게나 기쁨이 있다. 누구에게나 슬픔도 있다. 수월하게 지나기도 하지만 어려운 일을 겪기도 한다.

내가 살아온 지난 시간의 이야기들이, 혹시 힘들어하는 사람들에게 좌절보다는 다시 시작하는 도전의식으로 새롭게 각오를 다지는 데 도움이 될 수 있다면 그것으로 족하다는 감사한 마음으로 강의 일정을 계획한다.

이런 일도 있었다. 2002년 2월 28일의 아찔한 순간을 기억한다. S건설에서의 아침 8시 강의를 위해 평소처럼 아내가 운전하는 차를 타고 5시 30분에 출발했다. 아직 어둠이 채 가시지 않은 새벽 비탈길을 조심스레 내려가고 있었다. 좁은 비탈길은, 간밤에 내린 비로 살얼음판이 되면서 모든 차량이 서행하고 있었다. 그런데 앞서

가던 10톤 유조차가 갑자기 브레이크를 밟으면서 아내 역시 급브레이크를 밟을 수밖에 없었고, 뒤에 오던 차들이 계속 미끄러지면서 45중 연쇄 추돌이라는 대형 사고가 있었다.

순간적인 충격으로 차가 한 바퀴 회전하는 듯하더니, 도로변으로 튕겨지며 내동댕이쳐졌다. 많은 부상자들로 인해 도로가 마비 상태였다. 사고 장면을 목격한 사람들은 나와 아내가 사망했거나 중상을 당했을 것이라고 짐작했다고 한다.

큰 사고였다. 하지만 불행 중 다행이었고 기적이었다. 나는 오른쪽 무릎과 발목을 다쳐 깁스를 하는 응급조치 후에 병원을 나올 수 있었고, 아내 역시 3주간의 입원 치료 후에 별 다른 이상 없이 퇴원할 수 있었다. 나는 서둘러 응급조치만 하고 약속된 장소로 향했고, 깁스를 한 채 교육장에 나타난 나를 본 S건설 회사 교육 관계자들은 놀라며 다음으로 미루자고 만류했다.

하지만 나를 필요로 해서 초청해준 회사 관계자들에게 폐를 끼칠 수 없었고, 강의를 듣기 위해 강당을 꽉 채워준 교육생들에게 보답하는 마음으로 나는 그 날의 강의일정을 이어갔다. 사고는 당했지만 의식이 분명했고, 조금 불편하고 고통스럽긴 해도 거동할 수 있었기에 최선을 다해 강의할 수 있었다.

그리고 다음 날, 내가 깁스를 한 채로 강의실에 나타났다는 독한 근성이 기업교육 관련 담당자들에게 소문처럼 퍼지면서 강의 요청은 더욱 많아졌고, 2002년 5월에는 MBC 텔레비전의 〈느낌표〉라는 프로그램에서 연락이 왔다. 길거리 특강이라는 이름의 코너에 출연하게 된 나는 많은 사람들에게 얼굴이 알려지는 계기가 되었고, 더 많은 기업체와 여러 단체에서의 강의 요청이 이어졌다.

진정한 프로는 당연히 해야 할 일이 눈에 보이며 손에 잡힌 일은 당연히 내가 할 일이라 생각하며 내가 해야 하는 일에는 책임을 지고 최선을 다하는 법이다.

사람을 감동시키면 성공의 문이 열리고 하나님을 감동시키면 죽음의 길도 모면한다.

🌱 비전을 품고

19

　　IMF 위기로 전 국민이 어려움을 겪을 때의 일이다. 신문을 보던 아내가 어떤 기사를 읽어주었다. 40대 중반의 회사 간부가 명예퇴직을 하게 되었는데 컴퓨터를 전혀 다루지 못하는 것이 가장 큰 이유였다는 내용이었다. 인생의 가장 화려한 청춘을 바친 회사가, 원치 않는 퇴직을 강요할 때 얼마나 큰 배신감을 느꼈을지 같은 시대를 사는 중년의 마음으로 충분히 이해할 수 있었다.

　　그리고 정신이 번쩍 드는 차가운 자극이기도 했다.

　　대기업 간부직을 지낸 유능한 사람도 밀리는 시대라면, 장애라는 불리한 조건을 지닌 나로서는 두 배의 위기의식을 느껴야 했다. 그리고 순간, '컴맹탈출'이 시급한 과제임을 깨달을 수 있었다. 그리고 또 하나, 내가 컴퓨터에 매달린 다른 이유는 '미디'의 등장이었다. 내가 배운 컴퓨터 음악은 미디(MIDI)라는 말과 같은 뜻으로 사용된다.

미디(Music Instrument Digital Interface)란, 신디사이저, 디지털피아노, 컴퓨터 등의 각종 전자음악장비를 연결·제어하는 표준규격이며, 이런 것들을 이용해 컴퓨터로 음악을 구현하는 통칭이다. 그 때쯤 미디가 보편화되면서, 많은 인원과 연습기간이 필요한 오케스트라나 밴드 반주보다는, 미디로 편곡하는 경우가 늘어나는 추세였다.

그러니 선배나 후배들에게도 점차 연주할 기회가 줄어들고 있었고 그러다보면 결국 내게 의뢰하는 편곡도 점점 줄어들 수밖에 없다는 위기감이 나를 채찍질하고 있었다.

뭔가 방법이 있을 거라는 확신으로 주변을 수소문했고, 시각장애인도 컴퓨터를 할 수 있는 방법을 찾을 수 있었다. 신기하게도 음성으로 컴퓨터를 작동시키고 읽어주거나 입력시키는 프로그램이 있었다. 화면에 있는 한글이나 영어를 그대로 읽어주며 자판을 누르는 데로 음성으로 읽어주었다. 그리고 미디는 숫자와 영어로 읽어주는데 음의 높낮이는 알파벳으로, 박자의 길이는 숫자로 읽어주는 것이 아닌가! 정말 친절한 컴퓨터였다.

그 때부터 또 한 번의 독학이 시작되었다.

일단 아들에게 자판의 위치와 방법을 배운 다음 내가 가장 관심을 갖고 있는 미디 프로그램을 배웠는데, 이미 시콘서로 편곡을 하고 있었고, 작곡 공부를 했던 나로서는 한결 수월한 느낌이었다. 그러나 시각장애인을 위한 점자로 된 미디 교본은 그 어디에서도 구할 수 없었다. 그나마 미디를 알고 있는 친구에게서 메뉴 사용법을 배울 수 있었기에 독학에 도전할 수 있었다. 음성이 들리는 컴퓨터이지만 미디를 배우는 과정은 생각보다 쉽지 않았다.

시콘서보다 훨씬 많은 기능을 가지고 있는 컴퓨터의 버튼을 수없이 누르면서 복잡한 기능을 익히고 외워야 했고, 많은 악기 소리의 패치도 무조건 외워야 했다. 정안인도 힘들어 하는 복잡한 구조와 사용법은 시각장애인인 내게 또 다른 시련이었고, 수없이 시행착오를 거듭한 끝에 아내가 부를 찬송가 한 곡을 오케스트라 반주로 만들 수 있었다.

첫 작품을 건네면서 아내에게 불러보라고 반주를 들려주었을 때 아내는 감탄하고 있었다. 그리고 마침 찾아온 후배 역시 믿을 수 없다는 반응이었다.

"이거 정말 형이 만든 반주예요?"

"그래, 내가 만들었다니까? 컴퓨터 배워서!"

"와우! 정말 멋있다!"

감탄하던 후배는 즉석에서 제안했다.

"이번에 나올 내 음반을 이 컴퓨터 반주로 하면 어떨까?"

나는 손사래를 치며 말했다.

"컴퓨터 배운 지 열흘밖에 안 된 솜씬데 말도 안 돼."

자신 없어하는 내게 후배는 훌륭하다는 말로 격려하고 있었고, 후배의 오랜 설득은, 꿈이 이뤄질지도 모른다는 기대감으로 이어지면서 덜컥 승낙하고 말았다. 이렇게 시작된 미디 뮤지션이라는 또 하나의 명함은 내 오랜 꿈을 이룰 수 있는 새로운 출발이었다.

컴퓨터 음악을 하게 된 이야기를 하면서, 문득 큰 아들이 떠오른다. 세계적인 토목공학가의 꿈을 이루기 위해 미국 유학 중인 큰아들은 ROTC 출신으로 매우 우수한 성적으로 대학원 과정을 마친 기특하고 자랑스런 아들이다.

그리고 작은아들 역시 내게는 감동이자 감사로 자리하는 귀한 존재이다. 신학대학교에서 기독교 교육학과를 마친 후 대학원에서 신학을 전공했고, 현재 목회자의 길을 가고 있다.

자식자랑은 팔불출이라는 말도 있지만, 내게는 세상 그 누구와도 견줄 수 없을 만큼 온유한 성품의 잘 생긴 두 아들인 것이다. 언제나 노력하고 최선을 다하는 아들들에게 칭찬이라도 하면, 두 아들은 마치 약속이라도 한 듯 같은 대답을 하곤 했다.

"아버지의 노력에 비하면 아무것도 아니죠. 아버지의 아들로서 이 정도는 당연히 해내야죠."

정직하게, 대가없는 보답은 없음을 가르친 결과였다.

다른 아버지와는 다른 모습의 나였기에 언제나 최선을 다하며 살았던 노력의 선물이었을 것이다. 바라는 만큼 먼저 행동하고 실천

한 내 삶의 정신과 진심이 사랑하는 두 아들에게 전해진 것이라 생각한다. 미국 유학 중인 큰아들이 유학길에 오르기 전 남긴 글을 여기서 잠깐 소개하고자 한다.

프로 인생길을 가는 아버지를 보며 나는 사람들이 아버지의 직업을 물으면 참 난처해진다. 왜냐하면 아버지는 참으로 다양한 직업을 가지고 계시기 때문이다. 기타리스트, 피아노 조율사, 복음성가 가수 겸 작곡가, 컴퓨터 음악가, 음반 제작자, 기업연수 강사 등등, 결국 내가 편한 대로 소개하지만 매번 고민스러운 것은 사실이다. 내가 태어나기전 아버지는 한국 최고의 무대였던 미8군에서도 알아주는 기타리스트였다.

내가 알기로 그 당시 아버지가 할 줄 아는 건 기타밖에 없었다. 그러나 아버지는 좀더 많은 것을 배우고 싶어하셨다. 그래서 피아노를 배웠고 또 복음성가를 부르게 되었으며 작곡·작사를 하셨으며, 점점 더 많은 분야를 정복해 나가셨다. 다른 분들은 내가 이런 이야기를 하면 '열심히 노력하는 분이시구나' 정도로 생각하실지 모른다. 하지만 아버지가 정상인이 아닌 시각장애인이라고 밝힌다면 생각은 또 달라질 것이다.

앞이 보이는 사람이 노력하는 것과 아무 것도 보이지 않는 사람이 노력하는 것이 어떻게 똑같을 수 있을까? 앞이 보이는 사람들은 배우고 싶은 것이 있으면 학원을 가거나 책을 읽거나 여러 가지 시청각 교재들을 이용하여 배운다. 그러나 아버지는 그런 교육을 받기가 쉽지 않다. 배우는 데 가장 중요한 도구인 시각이 없었기 때문이다. 그런 장애를 극복하기 위해서 아버지가 어떻게 그것들을 배워갔는지 잠시 이야기해 보려고 한다.

내가 고등학생이던 어느 날, 아버지께서는 갑자기 컴퓨터 음악(MIDI)을 하시겠다고 신디사이저를 한 대 가지고 오셨다. 지금도 MIDI라고 하면 생소하신 분들이 있을지 모르겠다. MIDI는 컴퓨터를 이용하여 한 사람이 모든 악기를 연주하는 음악을 만드는 방식인데, 그 시절에는 대중가요를 MIDI로 하는 사람들이 별로 없었다.

아버지는 컴퓨터 개념도 없으셨고 물론 컴퓨터를 배워보신 적도 없으셨다. 그런데 아버지께서는 그것을 이용하여 음악을 만들어보시겠다고 구입하신 것이다. 솔직히 말해서 나는 그 때 아버지가 너무 허황된 꿈을 가지고 계신 것 같다고 생각했다. 비관적이었으며 불가능하다고 생각했다.

그런데 아버지는 그 날부터 묵묵히 프로그램을 익혀가기 시작했다. 물론 한글 매뉴얼도 없을 당시였기 때문에 내가 띄엄띄엄 해석해서 알려드렸다. 아버지는 모르는 것을 다른 전문가에게 전화하여 물어보면서 포기하지 않고 익히셨다. 아버지가 얼마나 많은 것들을 익히고 외워야 했는지 다른 사람들은 모를 것이다.

수십 개 버튼의 위치와 이름들, 그리고 MIDI를 구성하는 알고리즘들은 책을 봐가면서 해도 어려운데, 아버지는 반복하고 또 반복하면서, 흔히 말해서 안 보고도 할 수 있는 실력을 만들어 가셨다. 아버지는 불평 한 마디 하지 않았지만 나는 가슴에 맺힌 한 마디가 있었다.

그 날도 LCD 화면을 설명하고 있었는데 도대체 이해가 안 되는지 몇 번이고 다시 물으셔서 또 설명해드렸다. 그랬더니 아버지께서는 "화면이 한 번만 보이면 바로 이해하겠는데"라고 말씀하셨는데 그것이 내게는 너무나 안타까웠다.

그래서 마음속으로 "하나님, 하루라도 좋으니 제가 안 보이고 아버님이 보이셨으면 좋겠습니다"라는 기도도 해봤다.

아버지 자신이 얼마나 답답했으면 한 번도 하지 않으셨던 그런 말씀을 하셨을까? 하여튼 아버지는 이런 어려움들을 끈기와 인내로 극복하셨다. 그리고 지금은 그 MIDI를 이용하여 가수들의 음반을 제작하는 일까지 하고 계신다. 비단 MIDI를 배운 일만이 아니다. 기업체 강의를 하실 때도, 작곡집을 내실 때도, 그리고 이렇게 책을 쓰실 때도 아버지는 늘 한 자리에 안주하고 계신 적이 없었다.

새로운 것을 배우면 그것이 손에 익을 때까지 쉬지 않고 반복하고 결국 자기 것으로 완벽히 소화하셨다. 뿐만 아니라 완전히 익히고 나면 다시 또 새로운 것을 배우려고 찾으셨다. 이런 아버지의 모습은 내가 삶을 도전적으로 개척하도록 강한 영향력을 미치셨다.

늘 새로운 것을 찾아 도전하시는 아버님의 모습, 이런 모습이 '진정한 프로의 모습'이 아닐까 생각한다.

한 순간도 긴장을 늦출 수가 없었다.

첫 작품을 성공적으로 해내지 못하면 전문 미디 뮤지션의 꿈은 하루 아침에 물거품이 될 수 있다는 생각에 혼신의 노력으로 작업에 임하고 있었다. 그런데 어느 날, 내게 반주를 부탁했던 후배가 찾아왔고 어렵게 말을 꺼냈다.

"형, 이해하고 들으세요. 주위에 있는 사람들에게 이번 내 음반 반주는 형한테 부탁했다고 자랑스럽게 말했더니, 우려하는 분들이 많아요. 그 어려운 미디 음악을 하필이면 앞 못 보는 시각장애인에게 맡겼냐고요. 만나는 사람마다 똑같은 말을 하니까 저도 갈등이 생겨서 형을 찾아 왔어요."

이 말을 듣는 순간 당장 그만두겠다고 소리치고 싶었다. 하지만, 그럴 수 없었다.

내가 얼마나 기대하고 노력하는 직업인데 감정적으로 일을 망칠 순 없었다.

"너, 내가 만든 미디 반주를 들어봤잖아."

"그래요. 고민을 하다가도 형의 음악을 생각하면 마음이 놓이긴

해요. 형, 이번 반주 정말 멋있게 내 음반에 들어갈 수 있는 거죠?'

불안해하는 후배를 안심시키며 나는 길게 말하지 않았다. 실력으로 증명하고 싶었다.

음성으로 컴퓨터를 할 수 있다는 사실조차도 알지 못하고 있는 사람들에게 아무리 설명한들 알아들을 수 있겠는가? 시각장애인이 컴퓨터를 하면 얼마나 할 수 있겠냐는 선입견이라면, 그들이 나의 노력을 이해하고 인정하겠는가? 어차피 시간 낭비라면 결과로 말하는 것이 가장 좋은 방법이자 복수라고 생각했다. 두 달 반 만에 완성한 10곡의 반주를 들고, 후배와 함께 녹음실로 향했다.

다행히 음반 회사 사장은 나에 대해 잘 알고 있었다.

내가 편곡한 작품을 그 녹음실에서 여러 번 녹음한 적이 있었기 때문에 나의 편곡 실력도 인정하고 있었다. 하지만 그 날은 좀 달랐다.

뭔가 좀 초조하고 불안한 듯 건성으로 인사하는 모습이었고, 녹음을 시작하기 전까지 내내 퉁명스러운 말투가 이어지고 있었다.

드디어 녹음이 시작되고, 잠시 휴식 시간이었다. 뒤에서 사장의 목소리가 들렸고 조금 전과는 확연히 달라진 밝은 목소리로 다시 인사하고 있었다. 흡족한 듯 두 손을 꼭 잡고 말을 이어가는 사장의 태도는 내게 서러움과 안심을 동시에 느끼게 했다.

만약 실패했다면 어떤 반응이었을지 아찔하기도 하고, 무시하는 시선 속에 작업을 이어갔던 지난 두 달 반의 시간들이 서럽고 억울하기도 했다.

그리고 무엇보다 그동안 인내하며 노력한 시간이 헛되지 않았음에 안도할 수 있었고, 전문 미디뮤지션이 되었다는 기쁨에 콧등이 시큰해지는 나만의 감격을 누리고 있었다. 어떻게 완성했냐고 몇 번씩 되풀이해서 묻는 사장에게 나는 농담처럼 말했다.

"어떻게 하긴요. 두 눈 딱 감고 했죠, 뭐."

순간 녹음실이 온통 웃음바다로 변했지만, 사실 내게는 농담 같은 진담이었다.

반주곡 10곡을 만들어 내는 두 달 반의 시간 동안, 내게는 두 눈 딱 감아야 하는 순간들이 여러 차례 있었다. 장애인을 불신하고 불안해하는 사람들의 편견과 선입견, 익숙하지 않은 키보드의 위치, 자판을 두드리는 느린 속도, 미디 사용법을 점자로 읽어가며 한 가지씩 익히던 힘겨운 시간들. 그리고 겨우 완성한 음악들을 한순간의 실수로 눈 깜짝할 사이에 지워버린 허탈한 순간 등, 하루에도 몇 번씩 겪어야 했던 힘든 일들은 두 눈 딱 감고 견뎌야 하는 인내의 시간이었다.

그 후로 내게 편곡 의뢰가 늘었는데, 한번은 외국으로의 출국을 앞둔 후배가 찾아와 급하게 부탁했다. 두 달 안에 12곡을 완성시켜 달라는 것이었다.

10곡을 만드는 데 80일 걸렸는데 12곡을 두 달 안에 마친다는 것은 거의 불가능한 일이었다.

거절했지만 계속 사정하는 후배의 부탁을 외면할 수 없었고, 나를 인정해주는 후배의 고마운 마음에 마지못해 승낙하고 말았다. 그러나 역시 예상대로 시간이 너무 부족했다. 강의시간을 제외한 모든 시간을 작업에 할애했다.

첫 작품을 만들 때에도 하루 여덟 시간 자야 하는 잠을 두 시간 줄여서 하루 여섯 시간씩 자곤 했는데 이번엔 여섯 시간은커녕 하루 네 시간도 채 못 자는 피곤한 날이 계속되고 있었다.

베체트 환자는 하루에 여덟 시간 이상 수면을 취해야 한다. 과로를 하면 합병증이 악화되어 심한 고통을 받게 된다. 하지만 어쩔 수 없었다. 약속을 지키기 위해서는 잠을 줄일 수밖에 없었다.

서둘러 노력한 결과 마침내 58일 만에 12곡을 완성할 수 있었고, 반주를 부탁한 후배의 흡족해하는 모습에 쌓인 피로가 한 순간에 사라지는 듯했다.

컴퓨터 음악으로 가수들의 음반을 만들어주는 전문 미디 뮤지션의 실력이 되면서 컴퓨터에 대한 매력과 호기심은 더해갔다.

그래서 S전자에서 운영하는 시각장애인을 위한 무료 컴퓨터 교실에 등록하고 여러 가지 프로그램을 배우고 익혔다. 함께 공부하는 나이 어린 수강생들은 한 번에 알아들을 수도 있겠지만, 나이 탓인지, 선생님의 설명을 듣는 것만으로는 암기를 할 수 없었다. 방법을 생각하던 끝에 녹음기를 이용하기로 했다, 몇 번이고 반복해서 듣는 복습으로 이어갔다. 그리고 내용을 점자로 필기해서 한 권의 책으로 만들어 다시 복습하는 기회로 삼았다.

컴퓨터는 내게 둘도 없는 친구이자 세상과의 통로이기도 하다.

아직 완전하게 읽어주지는 못하지만 인터넷으로 정보 검색하는 일, 홈페이지를 관리하는 일, 그리고 강의 스케줄까지 컴퓨터로 관리하고 있으며, 미디 음악은 물론, 홈 레코딩으로 홈페이지에 기타 연주까지 올리고 있다. 내게 있어 컴퓨터는, 다시 찾은 시력과도 같은 귀한 존재인 것이다.

이제 나는, 세계 최고의 기업 전문강사라는 또 다른 목표를 향해 노력한다. 굴곡진 나의 지난 삶의 이야기가, 좌절하고 절망하는 위기의 사람들에게 위로와 격려가 되길 소망한다.

스물한 살에 찾아온 시각장애의 충격은 나를 깊은 절망과 죽음의 문턱까지 몰아넣기도 했지만, 실명으로 인해, 볼 수 있는 시력이 얼마나 큰 축복인지 깨달을 수 있었고, 내게 남은 지체를 감사하게 되었다.

강의를 할 수 있는 입과 소리를 들을 수 있는 두 귀, 비록 관절염으로 고통받고 있긴 하지만, 컴퓨터를 만질 수 있고 피아노와 기타를 연주할 수 있는 열 손가락, 어디든지 갈 수 있는 두 다리.

그것은 내가 성장할 수 있고, 성실하게 일할 수 있는 감사의 조건이자 행복의 조건이다. 그리고 한 때 모든 걸 잃었다고 생각했던 실명의 아픔은, 21년만이라도 세상을 바라볼 수 있었던 행운의 시간이었음을 고백한다.

진정한 프로 인생은 불편한 환경 속에서도 목표를 생각하며 인내하여 결과를 기다린다.

아마추어 인생은 눈에 보이는 1년을 열두 달처럼 평범하게 살아가지만 진정한 프로 인생은 1년을 열세 달처럼 살아야 하고, 진정한 프로는 자기가 하는 일을 생명처럼 사랑하고 자기의 이름에 책임질 줄 알아야 한다.

아마추어 인생은 어려운 환경만 보고 포기하지만, 프로의 인생은 목표만 보고 도전할 것이다.

🐚 모든 이에게 작은 희망의 등대이기를 | 20

언젠가 한 방송 인터뷰에 아내와 함께 응했던 적이 있었다.

진행자는 앞을 볼 수 없는 남편을 선택했던 이유와 베체트 합병증으로 죽을 고비를 넘겼던 어려운 순간들을 어떻게 견디었는지 질문했고 아내는 이렇게 대답했다.

"막상 만나보니 모습이 참으로 깨끗해 보였어요. 마치 정원의 예쁜 백합처럼 깨끗하고 깔끔한 사람이라고 느꼈죠. 그리고 다른 사람들은, 앞을 볼 수 없는 내 남편의 눈을 연약하게만 바라보지만, 나는 보이지 않는 남편의 두 눈을 사랑할 수 있었습니다. 그리고 베체트 합병증과 후유증으로 죽음의 순간을 맞이했던 견디기 힘든 순간도 있었지만, 내가 선택한 길이었기에 간병에 최선을 다했고, 내가 선택한 이 길을 한 번도 원망하거나 후회하지 않습니다."

이 말을 듣는 순간 나는 눈물을 참을 수 없었다.

그리고 또 한 번 결심했다.

아내의 후회 없는 선택에 보답하기 위해서라도 나 역시 후회 없는 삶을 살고 싶다. 전혀 앞을 볼 수 없는 전맹의 시각장애가 내 삶의 장애물이 되지 않도록 두 배, 세 배의 노력으로 나를 채찍질한다. 혹시 힘들고 버거운 삶을 살고 있는 사람들에게 내 삶의 이야기가 다시 일어설 수 있는 작은 힘으로 자리하길 바란다. 그리고 감히 바라건대 나와 같은 장애인들에게 작은 희망이길 또한 바라는 마음 간절하다.

2004년 KBS 제3라디오 '내일은 푸른하늘' 과 '우리는 한 가족' 의 고정 출연, MBC 라디오 '세상 속으로' 와의 인터뷰, 극동방송 '하나 되게 하소서', CTS 기독교 방송 '내가 매일 기쁘게', CBS '새롭게 하소서' 4회 출연, 2006년 KBS 2TV '사랑의 가족', 그리고 2005년부터 이어진 장애인을 위한 인터넷 방송 '희망방송' 에서의 미니 강의 역시 세상 밖으로 나오지 못하는 많은 장애인들에게 하나의 계기가 되길 바라는 마음에서의 출연이었다.

장애인을 위한 크고 작은 행사에 적극 참여하는 것도, 적은 액수나마 장애인 복지시설에 꾸준히 후원금을 보내는 것도, 시간될 때마다 옷가지와 간식거리를 챙겨들고 시설을 방문하는 것도 세상과 사람들에 대한 감사의 표현이다.

살면서 많은 도움을 받고 살았고, 죽을 고비를 넘길 때마다 주변의 격려와 응원이 큰 힘이 되었다. 주저앉은 나를 다시 일어서게 한 지난 모든 시간들에 감사한다.

매일 아침 뜨거운 물에 두 손을 담그고 마사지하는 일은 발병 이후 30년 이상 거르지 않는 일상이다. 관절염으로 늘 시큰거리는 손가락 마디마디를 마사지하며 하루를 계획한다. 강의 중간 중간 이어지는 기타연주를 위해서, 끊임없이 이어갈 컴퓨터 작업을 위해서도, 내 여린 손과 약한 관절은 언제나 관리대상인 것이다.

그럼에도 불구하고 사랑하는 나! 나는 나를 사랑한다. 스스로 부끄럽지 않도록 늘 깨어 기도하고 노력할 것이다. 미약하나마 도움이 되는 사람으로, 누군가에게 희망으로 자리할 수 있도록 매일 최선을 다할 것이다.

오늘도 시작되는 새로운 하루가 새삼 뭉클하다.

내게 닥친 실명의 아픔이, 더 이상 장애가 아닌 능력이 된 지금 어둠조차 신이 주신 선물이라면 축복이라는 마음으로 모두에게, 모든 일에, 모든 것에 감사한다.

하나를 잃는 것은 또 다른 소중한 것들을 얻는 기회가 되며, 이별의 순간은 새로운 만남의 시작이며, 실패는 이미 어느 한 부분을 성공한 것이다.